中国软科学研究丛书

丛书主编：张来武

"十一五"国家重点图书出版规划项目

国家软科学研究计划资助出版项目

区域创业精神与大学生创业教育

谢志远　邹良影　李上献　著

U0829108

科学出版社
北京

内 容 简 介

本书以区域创业精神与创业教育研究为主线，深入开展改革开放以来温州地区、苏南地区、中关村及深圳特区等地创业精神、大学生创业教育、创业型大学建设和创业型城市建设等方面的研究，从而将新时期国内典型区域的创业精神及其传统文化融入创业教育中，以培养具有创新、创业精神的人才为切入点为创业型城市建设作贡献。本书的出版有利于进一步丰富和深化创业教育本土化的理论与实践，有利于推进创业教育系统从大学向中小学延伸，有利于进一步深化创业型大学建设研究和创业型城市建设研究。

本书可供国内创业教育研究者、高校教师、高校管理者、相关政府部门负责人、企业家、大学生等群体参考。

图书在版编目（CIP）数据

区域创业精神与大学生创业教育 / 谢志远，邹良影，李上献著. —北京：科学出版社，2017.12

（中国软科学研究丛书）

ISBN 978-7-03-055311-9

Ⅰ. ①区… Ⅱ. ①谢… ②邹… ③李… Ⅲ. ①大学生-创业-研究 Ⅳ. ①G647.38

中国版本图书馆 CIP 数据核字（2017）第 279518 号

丛书策划：林 鹏 胡升华 侯俊琳

责任编辑：杨婵娟 / 责任校对：何艳萍

责任印制：李 彤 / 封面设计：黄华斌 陈 敬

编辑部电话：010-64035853

E-mail: houjunlin@mail.sciencep.com

科学出版社出版

北京东黄城根北街 16 号

邮政编码：100717

http://www.sciencep.com

北京凌奇印刷有限责任公司 印刷

科学出版社发行 各地新华书店经销

*

2017 年 12 月第 一 版 开本：720×1000 B5

2023 年 1 月第四次印刷 印张：9 1/4

字数：186 000

定价：58.00 元

（如有印装质量问题，我社负责调换）

“中国软科学研究丛书”编委会

总　序

PREFACE

软科学是综合运用现代各学科理论、方法，研究政治、经济、科技及社会发展中的各种复杂问题，为决策科学化、民主化服务的科学。软科学研究是以实现决策科学化和管理现代化为宗旨，以推动经济、科技、社会的持续协调发展为目标，针对决策和管理实践中提出的复杂性、系统性课题，综合运用自然科学、社会科学和工程技术的多门类多学科知识，运用定性和定量相结合的系统分析和论证手段，进行的一种跨学科、多层次的科研活动。

1986 年 7 月，全国软科学研究工作座谈会首次在北京召开，开启了我国软科学勃兴的动力阀门。从此，中国软科学积极参与到改革开放和现代化建设的大潮之中。为加强对软科学研究的指导，国家于 1988 年和 1994 年分别成立国家软科学指导委员会和中国软科学研究会。随后，国家软科学研究计划正式启动，对软科学事业的稳定发展发挥了重要的作用。

20 多年来，我国软科学事业发展紧紧围绕重大决策问题，开展了多学科、多领域、多层次的研究工作，取得了一大批优秀成果。京九铁路、三峡工程、南水北调、青藏铁路乃至国家中长期科学和技术发展规划战略研究，软科学都功不可没。从总体上看，我国软科学研究已经进入各级政府的决策中，成为决策和政策制定的重要依据，发挥了战略性、前瞻性的作用，为解决经济社会发展的重大决策问题作出了重要贡献，为科学把握宏观形势、明确发展战略方向发挥了重要作用。

20 多年来，我国软科学事业凝聚优秀人才，形成了一支具有一定实力、知识结构较为合理、学科体系比较完整的优秀研究队伍。据不完全统计，目前我国已有软科学研究机构 2000 多家，研究人员近 4 万人，每年开展软科学研究项目 1 万多项。

为了进一步发挥国家软科学研究计划在我国软科学事业发展中的导向作用，促进软科学研究成果的推广应用，科学技术部决定从 2007 年起，在国家软科学研究计划框架下启动软科学优秀研究成果出版资助工作，形成“中国软科学研究丛书”。

“中国软科学研究丛书”因其良好的学术价值和社会价值，已被列入国家新闻出版总署“‘十一五’国家重点图书出版规划项目”。我希望并相信，丛书出版对于软科学研究优秀成果的推广应用将起到很大的推动作用，对于提升软科学研究的社会影响力、促进软科学事业的蓬勃发展意义重大。

科技部副部长

2008 年 12 月

前　言

FOREWORD

区域创业精神是指由某特定的创业行为、地区创业文化等形成的带有共同趋向性的精神文化内涵，是在长期的自主创业实践中逐步积累和培育出的具有地域特色的区域价值观、思维方式和行为准则。我国地域辽阔，不同地区、不同民族都有自己的区域创业精神。创业教育是教育发展的一种模式。在我国大力推进“大众创业，万众创新”的大背景下，创业教育显得尤为重要。创业教育是贯彻教育全过程的，包括中小学的创业教育，当然也包括大学的创业教育。区域创业精神与创业教育如何结合在一起促进人才培养、地方发展，就是本书要探讨的主要问题。

本书以区域创业精神为切入点，通过区域创业精神来探索创业教育。本书共分五章。第一章“区域创业精神概述”，主要介绍了温州、苏南、深圳、中关村等典型区域创业精神内涵、成因及其传承创新。第二章“大学生创业教育概述”，主要回顾了我国大学生创业教育的发展历程，探究其当前存在的问题及未来的发展趋势。第三章“借鉴区域创业精神　助推大学生创业教育”，主要分析了开展区域创业精神教育的必要性与重要性、区域创业精神对大学生创业教育的作用，同时列举江南大学、北京航空航天大学等高校在区域创业精神促进下的发展情况。第四章“借鉴区域创业精神　构建区域特色创业型大学”，主要介绍了创业型大学的内涵、性质、特征，列举了温州大学、浙江农林大学、福州大学、德国慕尼黑大学、芬兰阿尔托大学、美国麻省理工学院等区域特色创业型大学建设的现状，提出构建区域特色创业型大学的建议。第五章“区域创业精神与创业教育服务于创业型城市建设”，主要介绍了区域创业精神和区域创业教育在促进创业型城市建设中的作用，提出了推进创业型城市建设的建议与对策。

本书全面介绍了近年来区域创业精神与创业教育的情况，提炼了一些地方及高校的做法，提出了一些观点、建议、对策，希望它的出版能为大学生创业教育、创业型大学建设、创业型城市建设提供可资借鉴的经验，能给国内创业教育研究者、高校教师、高校管理者、相关政府部门负责人、企业家、大学生等群体提供参考。本书由谢志远教授负责总体设计，制定整本书框架并完成第一章、第五章全部，及第三章部分内容的撰写，邹良影副研究员负责完成第二章全部、第三章部分内容的撰写及校对工作，李上献讲师负责完成第四章全部内容的撰写。同时，本书在撰写过程中参阅了大量的文献，引用了一些专家学者的观点及研究成果，在此向他们表示衷心的感谢。由于时间仓促及笔者水平有限，书中肯定还存在许多不足之处，请读者批评指正。

作　者

2017年8月

目录 CONTENTS

第一章 区域创业精神概述

我国幅员辽阔，民族众多，不同地区在政治意识、政策实施、经济发展水平及历史文化方面有较大差异，这些都影响着现代经济模式、创业活动。在创业过程中，各个地区逐渐形成了自身独特的创业方式和创业文化，从而形成了具有地方特色的区域创业精神。

所谓区域创业精神是指由某特定的创业行为、地区创业文化等形成的带有共同趋向性的精神文化内涵，是在长期的自主创业实践中逐步积累和培育出的具有地域特色的区域价值观、思维方式和行为准则。区域内，在相同的社会环境结构、历史沿革的影响下，面对相同的政策与资源，人民的社会活动方式有相当的趋同性。开始，共同的创业冲动更多地来自身边人的影响，是潜移默化的，这就使得产生区域性创业精神成为必然。区域创业精神集中体现着区域内创业群体在创业实践活动中的精神内核，直接或间接地反映着不同地域内的创业群体在实践过程中所具有的精神面貌、心理状态和对于创业的态度。

我国目前较有特色并取得显著成就的创业活动主要集中在东南沿海地区。通过对这些特定的区域创业模式的研究与梳理，总结创业经验，规避创业风险，对于由先富带动后富，将其成果与经验在欠发达地区推而广之，最终实现全面小康社会，是很有必要的。创业活动的兴起，除诸多外部因素以外，最主要的内因是创业者所秉承之精神得以传播。意识形态决定行为方式，这样的精神是人民敢于创业、勇于创业并能成功创业的先决因素。本章发掘创业精神与地区内各因素的融合点，探究创业精神形成的原因，以期能够为其他地区创业活动的开展提供借鉴。

第一节 典型区域创业精神简述

在创业实践活动中，国内涌现了大量的可供学习和参考的创业实例，相应也产生了众多内涵不同的创业精神。不同地区所产生的不同的创业精神，是在各自相对不同的经济环境与历史契机下形成的，具有各自的独立性，又有相对的借鉴性和参考性。创业精神是创业活动实践的充分条件和必要条件，因为精神既是实践活动的触发机制，同时又是实践活动的产物。发掘这些有代表性的区域创业精神，并从理论高度对其进行系统认知，是极其必要的。本书总览全国后选择温州地区、苏南地区、中关村及深圳四个区域作为典型区域来分析主要基于以下几点考虑：一是四个区域的创业精神代表着四种不同的模式，温州地区是自下而上形成创业精神，苏南地区是自上而下形成创业精神，中关村是依托高校科技创新形成创业精神，深圳是改革开放后平地而起形成特区创业精神；二是基于地域考虑，南北地区各有涉及；三是基于不同类型区域的考虑，温州市是地级市，中关村是科技园区，苏南地区是江苏省南部地区的简称，深圳是特区，各不相同，代表了不同类型的区域。

下面分别通过对温州地区、苏南地区、中关村、深圳特区四个较有代表性地区的创业精神的阐述，尝试一窥国内的典型区域创业精神的面貌。

一 温州地区的区域创业精神

根据有关部门的粗略统计，目前在全国各地闯荡的百万温州人，构筑了庞大的市场网络。更为重要的是，温州人精神如今已成为一种品牌和经济文化现象，并经过温州人的大流动，已渗透到全国各地乃至海外的各个角落，正成为推动中国社会变革和经济发展的重要力量。

温州地区成为财富的代名词，这一现象恰恰说明了温州地区的人民通过艰苦卓绝的创业实践走出的这条闻名全国的“温州模式”的经济发展道路是行之有效的。“温州模式”一度成为创业实践的模板而在众多经济研究中频繁出现。所谓“温州模式”是指温州地区的以家庭为单位和以专业化市场为渠道的非农业型经济模式。其虽然是以生产规模较小、技术含量偏低的小型商品为主，但拥有广阔的销售市场，其市场遍布全国，甚至延伸到海外。“温州模式”是一种典型的“市场主导型”经济发展模式，即政府在政策监管范围内的相对“不作为”，主要依靠市场自身调控，更重要的是以企业家自发的创业行为来带动经济的发展（汪国华，2006）。另有学者指出“温州模式”是一种自主自发的创业精神的集中体现（王奕炜和王玉屏，2003）。

著名经济学家董辅礽在对“温州模式”做了大量研究后指出，“温州模式”呈现出的是一种精神，即强烈致富的欲望和创业精神。那么，缔造“温州模式”商业奇迹的温州人拥有怎样的创业精神，从而帮助他们在创业实践中战无不胜最终登上财富的巅峰呢？学者各持己见。“温州精神”首次提出是在 1986 年发表于《温州日报》的《努力建设与温州改革实践相结合的精神文明》一文中，该文作者为时任温州市委书记的董朝才。同年 12 月中旬，在温州试验区精神文明建设理论讨论会上，代表们首次讨论并确定了“温州精神”的内涵为“自立自主、崇尚务实、竞争开拓、奋勇创新”（王彦峰等，1987）。1998 年，时任温州市委书记的蒋巨峰在《温州市纪念党的十一届三中全会召开 20 周年大会上的讲话》中，将温州人的创业精神解释为“敢为天下先，特别能创业”。经济学家钟朋荣曾将“温州人精神”概括为四句话，即：白手起家、艰苦奋斗的创业精神；不等不靠、依靠自己的自主精神；闯荡天下、四海为家的开拓精神；敢于创新、善于创新的创造精神（陈俊贤，2004）。

从众多的“温州精神”的诠释中不难发现，自主、创新、合作、能吃苦成为当之无愧的关键词。这些关键词涵盖了温州企业家在创业过程中所秉承的精神法宝，这也是推动温州区域经济持续发展的动力源泉。大量事实证明，这息息相关又相对各有不同的四点精神在创业实践中实实在在地发挥作用，并最终形成了温州地区别具一格的创业实践精神。

1. 自主精神

温州企业家大都白手起家，从成本极低的小型手工业开始，敏感追随市场需求，市场需要什么，就生产什么。从不考虑依赖政府投资拉动或政策倾斜等其他渠道，有一种完全依靠自己的区域性格，自主自立、自谋生路已经成为深入骨髓的潜意识。无需政府动员，自己走出去讨生活，走向全国乃至全世界。没有岗位创造岗位，没有渠道创造渠道。有些报纸评论称，有市场的地方就有温州人，有温州人的地方就有市场。温州“虎牌”打火机创始人周大虎，正是在没有任何同行业经验可资借鉴的情况下，到日本考察，并通过自主摸索与改良，迅速创制了第一款质量可与日本产品媲美且成本低廉的打火机。整个过程中，对市场的发现和技术团队的攻关都是在独自摸索的境况里完成的。这为“虎牌”打火机赢得了市场先机，使之成为国内首屈一指的打火机生产企业。并且它在与德国企业合作期间，拒绝收购，坚定保持自主经营权，为日后成为多个国际知名品牌打火机代工厂打下基础。这样的经营模式，在实施初期没有可参照的国内先例。周大虎凭借自身敏锐的市场观察力，坚持自主创业、自主开发、自主经营。如今的“虎牌”打火机继被选为“南非世界杯”指定产品后，又成为国务院机关公务礼品。类似的创业经历在温州比比皆是，涵盖了服装、制鞋等诸多行业。经过多年的自主创造，温州地区不仅成为全国最著名的小企业生产地（其中很多小企业已经成功转型，成为国际市场的重要成员），而且解决了众多外来务工人员的安置问题，提供了大量的就业岗位。温州地区甚至在遭受台风等自然灾害侵袭，大量企业厂房设备受损后，也不会坐等国家救济。众多私营企业迅速展开自救，几乎所有厂家都能在短时间内恢复生产（蔡克骄和陈勰，2000）。这些资料都表明一个清楚的事实，即温州人自主创业的精神，是一种发自思维模式深处的自主改革、自担风险、自我发展、自强不息的精神。

2. 创新精神

创新是一个民族进步的灵魂，是一个国家兴旺发达的不竭动力。在市场经济时代，创新是敢为人先，做常人所不敢做，想常人所没想到的。温州人被称为“东方犹太人”，他们用自己的智慧，创造着新方法、新思路、新模式。每一次创新都为温州带来了巨大的经济效益，也促使着温州人更加坚定不移地在创新精神指引下持续创业。“温州模式”中一个特别值得注意的现象——“零资源现象”，是温州区域创新精神的集中体现。“零资源现象”是指当地在并无产业所需的生产资料的情况下，依然能够有效地发展该产业的现象。例如，温州的郭溪镇和水头镇是全国最大的皮革生产基地，而当地并没有畜牧业。温州的再生布生产基地，汽车、摩托车企业等，都是这种“零资源现象”的代表。温州人正是用这种变不可能为可能的精神和毅力诠释着创新精神在创业实践中的重要性。他们还取得了一系列的“全国第一”：国内发放的第一批个体工商执照落户温州；国内第一批股份合作制企业通过审批也是在温州；组建了国内第一家实行利率改革的农村信用社；建成国内第一座小商品批发市场、第一座农民城等。而这些现在司空见惯的事物和模式，正是当时的温州人在市场经济方兴未艾之际，就已经开始实施的创新之举。也正是这些创新模式及在这些模式下先行积累的经验，使温州地区的经济发展蓄积了宝贵的先发性优势。创新也同样要面对第一个吃螃蟹的风险。面对风险，温州企业家的创新热情与理性态度又能够使自己一次次地化险为夷。眼光长远，不拘泥，坚定不移地高举市场经济的发展大旗，温州地区最终在竞争激烈的商海战场上，为自己赢得了一席之地。

3. 合作精神

通过合作来获得更多的信息和更大的资源是市场经济的必然要求。温州企业家非常注重合作，以此来扩大自己的信息网络与生意网络。大多温州创业者都是从小商品起步，因此其合作方式带有明显的温州特色——小商品型经济合作方式，即与亲戚、朋友等合作，形成以个人为中心的辐射型关系网络。许多温州人做生意都是从发展关系网入手的。关系网的建立有利于创业者在行业内的资源信息传递，优化网内的资源配置，填补相应的产业空白，避免网内的恶性竞争，又对网外的行业竞争者进行有效的屏蔽。以这样的关系网组成的温州创业群体形成了一个有机的整体，从生产原料的供应到产品的装配、运输各个环节，都有网络内的人来承担。正所谓温州出“群商”，各个企业形成群落式发展格局，以帮带为主要特点，以一点带动一点，多点联动。一人创业起步、创造市场机会，多人跟从，从而有效扩大规模和覆盖面，占领一方市场。这种特征明显的合作模式有些“肥水不流外人田”的意味，与现代经济的合作模式并不十分吻合，但对于温州人来说却是最有效和最快捷的致富方式。也正是温州人不等不靠、自发创业的精神形成了这种极具特色的合作模式。以集群为基础，获得集群效益的最大化。如今人们对温州创业者“抱团”的印象，也正是这种合作模式的真实写照。

4. 吃苦精神

创业初期的吃苦精神，是每一位创业者必须具备的基本素质，但各地创业者的吃苦精神又有所不同。《温州形象》（徐海滨和李涛，1993）一书中写道，这些农民像他们那些制陶、网鱼、狩猎的祖先一样，并没有细细想过自己的所作所为的历史意义是否深远，文化内涵是否深刻，但不靠嘴巴不靠幻想而是靠自己的辛勤努力实实在在地生活。温州创业企业家十分务实而毫不取巧，他们以踏踏实实的精神做实业，从最微小、最辛苦的小生意做起，在最细微处发现市场，脚踏实地，步步为营。他们能把小东西做成大生意，依靠的正是被称作“蚂蚁雄兵”的吃苦精神。温州创业者大都是跑销售起家的，往往是抛开羞耻心到外面去做生意。跑遍千山万水，历尽千辛万苦，想尽千方百计，说尽千言万语。有百分之一的可能，就以百分之百的努力去追求（祝宝江，2009）。温州人能屈能伸，“屈”能“睡地板”，“伸”能“做老板”，特别能吃苦，做起生意来不卑不亢。吃苦精神是温州人的骄傲，即使是生意已经步入正轨的老板，依然身体力行地忙碌着，始终坚持发扬艰苦创业、艰苦奋斗的优良传统，工作在企业的第一线。江泽民同志曾经评价温州人：“世界上的人都知道温州人会做生意，沿海靠山赋予他们这种开放的精神，冒险的精神，最主要的是温州人能吃苦。”（陈俊贤，2004）

二　苏南地区的区域创业精神

苏南地区一般是指苏州、无锡、镇江、常州一带的江苏省南方区域。在 20 世纪 80 年代中期，邓小平同志评价苏南地区的经济发展为“异军突起”。苏南地区通过着力发展乡镇企业开启了农村工业化和城镇化的进程，又在随后而来的改革开放发展高潮中，抢先抓住了市场化、国际化和城镇化的机遇，创造了具有地方区域特色的苏南经济发展模式。“苏南模式”是由著名社会学家费孝通先生最早提出的，其主要特征是在政府政策指导下，利用集体资本创办企业，甚至乡镇政府直接参与创办企业，允许先富并鼓励带动后富，追求集体共同富裕。

在“苏南模式”形成的过程中，以政府的积极引导为指向，苏南人民通过长期的实践，充分发挥主观能动性，积累了大量的创业经验，打破思想束缚，开拓创新，最终形成了具有苏南区域特色的创业精神。这不仅仅是苏南人民的精神财富，更是苏南人民创造物质财富的制胜法宝。这也正符合了马克思主义原理中的物质与意识的辩证统一关系。李锡明将“苏南模式”中的创业精神总结为“第一，敢闯的冒险精神……第二，团结与协作……第三，与时俱进，良性竞争……第四，善抓机遇，战胜挑战”（李锡明，2008）。随着市场经济结构的进一步完善，改革开放成果的进一步普及，苏南新时期的创业精神也加入了新的文化内涵，与江苏地区的“张家港精神”“幸福江阴精神”“华西精神”互相融合，共同构建了“创业创新创优、争先领先率先”的江苏精神。苏南创业精神显现出新的色彩与面貌。

综上所述，本书将苏南区域创业精神归纳为以下4个方面。

1. 积极闯荡精神

在尚未开发的领域作开发，在没人尝试过的地方创业，需要的是敢闯敢干的冲劲和智慧理性的头脑。苏南地区的农村生产资料集体化程度自中华人民共和国成立初期以来一直很高，地方政府及人民大胆利用集体经济比重高的优点，发展集体式创业，并积极引入外资，迅速使农村经济走上了工业化、城镇化道路并逐步走向了市场化。苏南人民用敏锐的眼光，紧跟经济发展动向，充分利用自身优势，取得了累累的硕果。以苏南地区为根基发展起来的远东集团、红豆集团等享誉国内外的大型创业企业，都是从小做大，敢于挑战、进取，最终取得辉煌成就的榜样案例。

2. 全面合作精神

苏南地区的创业人从来不是只顾自身发展而不顾甚至打压他人的力量去做“一竿子买卖”。逞孤胆英雄不是苏南创业人的性格，他们更注重的是与他人合作最终实现共同繁荣。苏南地区经济集体化程度较深也决定了苏南地区人民必然采取全面合作的创业模式，才有可能取得成果。同时集体化经济的现象也反映了当地人民由来已久的合作精神与地域性格。

苏南创业模式发展的初期，苏南人就极其注重互相扶持与协同合作。早在1916年前后，苏州总商会成立，并曾经历两度更名，即苏州总商会（1916～1931年）和吴县县商会（1931～1949年），直到1949年苏州市工商业联合会筹备委员会成立。商会的成立旨在协调商会内部企业的资源配置与产业协作，并与其他商会密切接触交流，以获得更多的合作机会。2004年10月，江苏地区又成立了以苏南企业为主力军的“江苏投资联盟”，以“竞争合作、发展共赢”的理念诠释着苏南创业模式中一贯秉承的全面合作的区域创业精神。

3. 自主创新精神

关于苏南经济的创新模式，洪银兴在《苏南模式的演进及其对创新发展模式的启示》一文中提到，苏南人的创新举措主要表现在体制创新、经济增长方式创新、政府作用创新等方面（洪银兴，2007）。这几个方面的创新涵盖的范围和把握的契机都是恰到好处的，是全面和多方位的。这也正说明了苏南人在创业过程中所一贯秉承的创新理念，即不拘一格、思维开阔。打破传统“重农抑商”的束缚，大胆坚持“工商皆本”的方针。把自己的优势产业推出去，推向全国甚至全世界；同时踊跃招商引资，利用自身的资源及政府政策的帮扶，积极吸引国内其他地区乃至国外的投资。不断创新，永不懈怠。“落后就要挨打”的残酷现实同样适用于经济的发展，失去创新力的经济发展体系是注定要被淘汰的。苏南人在创业过程中深有体会，所以，多年来从工业化到城镇化，再到市场化的每个阶段，都时刻闪耀着创业企业家创新的思维光芒，创业企业家们时刻用最新的方式、最新的吸引力、最新的经济增长点来保持自己的事业的良性循环。实现自我的超越，是一种勇气，更是一种深植于内心的创新意识，它推动着苏南创业者在创业的道路上永葆青春活力。

4. 努力争优精神

努力争优、力争上游与得过且过、凑合就行是两种完全不同的对待事物的性格与态度，反映到创业实践活动中，就会产生截然不同的企业与产业结构。要做就做到最好的争强特质可以说代表了苏南人的区域性格。例如，远东控股集团有限公司（简称远东集团）总裁蒋锡培，从修理钟表到创办范道电工塑料厂，再到经营如今囊括电线、电缆、医药、房地产等多个行业数十个项目的大型民营企业——远东集团，历经了无数的困难与失败、打击与挫折。一次次驱使他继续起航并坚持下去的，正是这股不服输、不怕苦、要做就做到最好的争优精神。如今的远东集团已经连续 10 年位居全行业第一，成为“中国企业 500 强”“中国顶尖企业 100 强”“亚洲品牌 500 强”“中国民营企业 500 强”。2017 年“远东”品牌价值 457.92 亿元，并被认定为“中国驰名商标”。[①] 这些成绩的取得，与苏南人的进取心是分不开的。他们不会满足于已有的成就，而是不断追求卓越。争取更好的精神气质正是对“没有最好只有更好”的完美诠释。前文提到，苏南人在创业之初即是集体形式的创业，因此这些优秀的创业案例也恰恰是苏南创业者竭力争优创业精神的集体写照。在这种永不满足的进取心成为苏南创业者的共同认知时，缔造出如此大规模、良好发展的集体控股企业，也成为必然。正是在这一定要做到最好的力量的驱动下，苏南人始终行进在把自己的创业做到更高一个台阶的路上。

三　中关村的区域创业精神

中关村地处北京城的西北方向，位于现在的四环路与三环路之间。“中关村科技园区”为现在的全称，简称“中关村”。它起源于 20 世纪 80 年代初的“中关村电子一条街”，在众多创业者的共同努力下，迅速崛起，并受到国务院的重视，于 1988 年被批准成为北京市高新技术产业开发试验区。直至今日，中关村历经多次更名与变革，从无人问津的荒芜之地到“中国的硅谷”，只用了短短的十几年时间。这梦幻般的变化，不得不说是中国科技创业的奇迹与标杆。中关村是中国第一个国家级高新技术产业开发区，第一个国家自主创新示范区，第一个

① 参见远东控股集团有限公司网站，www.fegroup.com.cn/index.php?m=h3t&a=index8zcid=8。

“国家级”人才特区。

如此瞩目的成就背后，中关村是以怎样的创业精神作为支撑，从而缔造如此辉煌的中国创业神话呢？

1. 勇于创新精神

创新不是一句口号或者一条标语，它之于创业者是勇敢迈出第一步的勇气和坚定自己选择的信念。第一批中关村人放弃自己的“铁饭碗”，不在体制的庇护下度日，而是走进一个偏僻荒凉的小镇，开始了自己的科技创业之路。当年的舆论中诸如“傻子”“胡闹”之类的评价频频见诸报端，改革开放前的陈旧思想与事业观的残留依然重重阻碍着第一批创业者的脚步。但是第一批中关村人如董文栋、陈春先、纪世瀛等，以敏锐的眼光，克服舆论的阻力，勇敢地放手一搏，创建了“北京等离子体学会先进技术发展服务部”。这是国内第一家民营高科技企业，他们迈出了中国民营科技创业的第一步。此后的民营科技创业蔚然成风。周边科研院校云集的中关村，利用自身的地理位置优势，迅速吸纳了大量高科技人才，使之走出实验室，投入技术扩散的浪潮之中。中关村人的创新精神，不局限于破除阻力、做别人未做、想别人未想。更重要的，中关村模式顺应改革开放的大潮，引领了中国科技体制的改革，使众多高技术不再被束之高阁，而是被民营企业掌握并被迅速地普及于民间。这样，高技术同样也得到市场经济的检验并充分竞争，反过来又促进了技术的进步。创新精神是所有科技从业者的基本素质，他们把这种精神带进了自己的企业，融入中关村的发展史中。作为高技术产业创业者，中关村人对于技术的创新意识当然是必不可少的。一批批中关村创业者承前启后，不断开拓创新，电子硬件、网络架构建设等高技术领域中不断的技术突破与模式更新，使中关村的创业企业在技术爆炸的今天仍具有相当的竞争力。意识创新、体制创新与技术创新是中关村创业者共同拥有并经过实践检验的区域创业精神，使中关村的创业企业具有独特的魅力与顽强的生命力。

2. 志在领先精神

在技术爆炸的21世纪，科技行业的核心竞争力是在行业内的技术领先程度。中关村地处中国科学技术的中心——北京，主要是以高技术为依托的创业园区。这里有着天然的优势，也充满了严酷的竞争。他们必须代表最新技术的发展方向才能够在激烈的竞争中生存下去。中关村的创业者们，从一开始便是带着当时最新的高技术开始创业的，很大一部分创业者在原来的岗位上都是技术精英。这种精英意识就注定了中关村的创业精神中，追求行业领先和作最新最高技术领军人的观念是不可少的。追求领先的意识源自行业的特性，也来自创业者自身追求卓越的性格。区域创业精神的阐述，每每都要落实到具体的个人身上。正是在这些早期走出来的创业者所拥有的这种永远志在领先的精神感召下，形成了中关村企业的领先意识。例如，从中关村成长起来的企业——万润南创办的四通公司，从最初的小型民营科技信息公司，到如今与多个世界巨头合作并拥有注册资金上亿元，不断地进行技术更新，持续保持国内电子信息设备行业的领头羊地位。不论是初期的小公司还是后期成熟的大公司，万润南追求卓越的精神一直都被传承着并激励着一批批的后来者。柳传志在中关村创业时的小型科技公司是联想集团的前身。从 1996 年开始，联想电脑的销量便占据了中国电脑市场第一的位置；联想于 2004 年收购了 IBM 公司并于 2013 年成功跃居电脑销量世界第一的位置，成为全球最大 PC 生产厂家。当年创办联想公司的一群科技人员，如果没有这种精益求精、追求完美的精神与毅力，是不可能有联想公司今天的辉煌成就的。综合来讲，与其说技术的领先是电子信息行业的核心竞争力，不如说勇于领先、追求完美的创业精神才是产生领先技术的驱动力。

3. 敬业奉献精神

宋代理学家朱熹将敬业解释为“专心致志以事其业”，奉献简单说来则是工作的目的不仅仅是为了个人利益。这两者的结合也正符合社会主义核心价值观。敬业与奉献是相辅相成的，专心致志地为创业梦想而奋斗，是中关村人始终坚持的区域创业精神。中关村的创业者有他们自身鲜明的特点，他们大多都是原来科研单位的高精尖技术人才，放弃了在很多人看来衣食无忧的工作生活，来到中关村创业。他们的打拼更多地是为了实现自身的创业梦想与创业抱负。比起其他地方的创业者，他们多了一些理想主义的色彩。也正是这样的理想主义，让他们在创业的打拼中，形成了自己独特的敬业奉献的区域创业精神。在这样的精神驱动下，吃苦与坚持也闪耀着理想主义的光芒。第一批来到中关村的创业者，条件极其艰苦。同其他地区的创业者一样，他们做的事情是从没有人做过的，所以他们注定要付出比后来者多很多的努力。据当时的一项调查显示，有 90%的科技人员平均每天工作 8 小时以上，48%的人员平均每天工作 10 小时以上，17%的人员平均每天工作 12 小时以上，甚至少数人每天工作 14 小时以上（于维栋，1988）。这样的敬业与奉献精神不仅仅是吃苦耐劳，更多的是源自于对梦想的渴望和付诸行动的坚定信心。这也在创业初期为创业活动的顺利、高效进行提供了坚实的保障。没有创业者废寝忘食，不分昼夜地忙碌与奉献，就不可能有如此多的高技术惠及大众，更没有百度、联想等大型公司雄踞世界领先地位。创新意识的呈现、高新技术的发展，都离不开创业者脚踏实地、一步一个脚印地工作和努力。

四　深圳特区的区域创业精神

深圳特区是在我国改革开放总设计师邓小平同志的倡导下实施并建设的。1979 年，国务院正式批准广东省宝安县更名为深圳特别行政区，指导方针是将深圳建设成为我国改革开放的“试验田”与“窗口”。深圳特区的创业从一开始就有鲜明的国家政策的参与，并成为世界瞩目的焦点。深圳特区的发展几经波折，在坎坷中摸索方向，并由邓小平同志及中央多次干预，最终成功地塑造了如今的深圳特区。深圳特区的创业史是一部草根的创业史，充满了艰辛与不确定性。从精神层面来讲，这群怀揣着财富梦想并最终梦想成真的创业人，之所以能够伴随深圳发展生存下来，是因为他们都具备了不尽相同的创业精神。

本书认为，深圳特区的区域创业精神总的来讲有以下几点。

1. 大胆闯荡精神

邓小平同志在 1993 年的南方谈话中提到：“改革开放胆子要大一些，敢于试验，不能像小脚女人一样。看准了的，就大胆地试，大胆地闯。深圳的重要经验就是敢闯。没有一点闯的精神，没有一点‘冒’的精神，没有一股气呀、劲呀，就走不出一条好路，走不出一条新路，就干不出新的事业。”（吕元礼，2005）深圳特区的设立，是前无古人的创举，甚至在世界范围内都是没有参考先例的。深圳的早期创业者来到这里，甚至还残留着“文化大革命”时期的保守意识。但是时势造英雄，深圳人勇敢地迈出创业的步伐，在巨大的不确定性中，以拓荒者的身份在创业的道路上披荆斩棘。从创办经济特区的举措甚至曾被邓小平同志比喻为“杀出一条血路”，即可窥见初期创业者的艰辛，更可深刻地感受到他们敢闯敢干的勇气。以 1993 年的“蛇口风波”为例，当时的中国青年思想教育研究中心派出三名专家前往深圳蛇口，与当地近 70 名创业青年进行了“青年教育专家与蛇口青年座谈会”。在会上，创业青年与专家就“淘金者”、“蛇口建设体现的是什么特色”及个体商户该不该从事公益事业等问题展开了激烈讨论。当时的创业青年提出了相当有创见的看法，完全抛开传统思维模式，以崭新的思路应对特区的创业事业。正是这种初生牛犊不怕虎的“闯”劲，才“杀”出了深圳特区建设的这条“血路”。

2. 务实高效精神

在深圳特区开发初期的头十年里，改革号角的吹响、资本的大量注入、创业风潮的涌起，使深圳特区以日新月异的速度改变着。“深圳速度”让国人真切地领略了“时间就是金钱”“一切以经济建设为中心”“发展才是硬道理”。之后随着上海浦东新区的崛起及香港的回归，深圳特区发展速度相对放缓，但依然以强劲的势头进步着。作为“深圳速度”缔造者的深圳人，有着极其务实且追求高效的创业精神。邓小平同志的“不搞争论”的论断，清楚地勾勒了深圳特区创业人务实的态度与创业方式。他们一头扎进创业建设中，争分夺秒地尝试各种方法去工作，不怀疑、不争论，务实地去做。不确定的问题先放在一边，避免不必要的麻烦，在实践中逐渐弄清楚。以最高的效率从事建设，其他问题在实践中也迎刃而解。这是一种真真正正“实干兴邦”的榜样。深圳也正是在这短短的几十年时间里，从一个小小的南海渔村，变成了一座国际化现代大都市。

3. 兼容开放精神

深圳特区在建设初期，面对的是一个巨大的不确定性。中央只是给出了深圳的发展蓝图，但是除此之外一切都是未知的。在这巨大的未知里摸索的深圳人，就培养出了自身兼容开放的创业精神，对于各种方式都予以尝试。例如，深圳证券交易所的建立，就是深圳人创业时对于兼容开放精神的深刻贯彻。他们快速地从“文化大革命”的阴影中走出来，摆脱了资本主义与社会主义的争论，摆脱了非此即彼的两极思维模式，大胆地吸收与借鉴。“三个有利于”的评判标准也大大拓宽了创业者的视野。在深圳人的带领下，中国人终于第一次明白了发展经济的方式是条条大道通罗马，只要有利于自身的发展，社会主义制度与资本主义制度也是可以互相借鉴和学习的。这样的创业思路为之后全国兴起的改革开放浪潮开启了先河并做好了思想准备。可以说，深圳人的兼容开放的创业精神，不仅仅是深圳人的精神财富，更是全中国人民共同的精神财富，在改革开放的重大举措中起到了极其重要的作用。

“一方水土养一方人”，不同地区的人民在自己的热土上开创着事业。在这热土上收获的，不仅仅是创业的物质财富，更重要的是在这片热土上成长起来的那一股精神。不论是温州地区、苏南地区、中关村还是深圳特区的区域创业精神都有着各自的内涵而展现出不同的特色。区域创业精神以“土生土长”的优势帮助和关照着每一位创业者和他们的后继者，为创业者提供着思想指导和持续奋进的力量。区域创业精神也随着时代的进步而不断丰富着自己的内涵，与时俱进，并凝聚广大人民群众的力量，指导广大创业者的实践行动。

第二节　典型区域创业精神的成因

区域创业精神的形成是多方合力的结果，是一个极具地方特色的区域价值观、思维方式与行为准则的复合体。它的形成受许许多多的外部因素和内部因素共同作用。内部因素的作用大都来自区域内所拥有的共同认知和群体性格，可以说是什么样的人群就产生什么样的创业精神。这些内部因素又与外部因素有着密切关系。外部因素的作用是地理环境、周边创业组织的影响，还有以国家政策等为表现方式的外部环境作用。两者是相辅相成、互相作用的。但是不同区域的创业精神的形成又都以国家的经济建设战略为大背景，在不同之中又有相当的相通性。它们不是一成不变的，而是动态发展的，在创业实践中逐渐形成，并指导着创业活动继续向前。新的因素也在不断加入，丰富着创业精神的内涵。因本章篇幅限制，将不对典型区域创业精神中的每个精神细节的成因都加以分析，以免打乱区域界限，仅以概括性的观点综合讨论，并以相应案例佐证。下面从地理环境因素、地缘优势因素、历史文化因素、社会环境因素和政府干预因素等五个方面探讨区域典型创业精神产生的原因。

一 地理环境因素分析

自然是历史演进的大舞台，提供着历史发展的一切物质基础。因我国国情的特殊性，中华人民共和国成立以来的创业者大都从农业经济体系中脱颖而出，成为市场经济体系的宠儿。地理环境因素是农业经济时代极其重要的因素之一，它制约着或者促进着当地经济的发展，也培养了一方水土中人民的性格。这些性格被相应的创业者带进自己的创业实践中，最终升华为区域创业精神。

1. 恶劣的地理环境对创业精神的影响

在上一节所举的四个典型区域中，温州地区的地理环境可以说是最不利于经济发展的。温州地区三面环山，“七山一水二分田”的地理环境，使其农业发展受到阻碍。且温州地区人口众多，土地不能满足当地人民的需求。八九百年前的南宋时期，温州知州吴咏说：“总一岁之收，不敌浙西一邑之赋。”（祝宝江，2009）此时温州地区的土地压力已经显出端倪。中华人民共和国成立之后的情况是怎样的呢？资料显示：1978 年，浙江人均耕地 0.68 亩①，不足全国平均水平的一半，仅为世界人均水平的 1/6，而温州人均耕地 0.52 亩，其中永嘉的桥头镇人均耕地仅 0.28 亩，且“土薄难植”（谢志远，2008）。由于人多地少，百姓生存不能仅仅依靠农业，手工业、小商业成为许多百姓的谋生之路。家乡的地理环境恶劣，温州创业者就很希望走出去，去外面的世界谋生。脱离土地，成为温州人生活中的解决之道。温州地区的人民靠海生活了很多年，具有海洋民族的闯荡精神，目光长远，不安于长居一隅。由此可见，温州人出门谋生的传统可以说是源远流长。于是这种“恋乡不守土”、勇敢走出去、敢闯敢干的区域创业精神也就应运而生。可以说，温州地区恶劣的地理环境是促使温州创业者迈步走出去的重要动因，它在基础物质层面上使得温州的创业成了“逼不得已”。而且走出去的温州人很早便舍弃了传统农业社会对土地的留恋，大胆开拓创新，在改革开放的经济大潮中快人一步。

苏南地区的地理环境与温州有着类似的地少人多的困扰。江苏省宜兴市丁蜀镇，明清时号称“陶都”。清代的“四大绸都”，江苏就有两个，分别是盛泽镇和苏州。这些城镇很早就形成都会、府城、县城、乡镇、村市等多层次的城镇结构，且多具有商业性功能，在苏南社会经济发展中占有重要地位。过早发达的经济群

---

① 1 亩≈667m^2。

落，必然造成人口的集中，人多地少的矛盾在这一区域内一直很突出。于是同温州较类似，出现了家庭手工业来缓解土地短缺的压力，这正是苏南农工相辅的历史传统的本质。现在苏南地区所谓离土不离乡的遍地开花的乡镇工业，正是植根于这种农工相辅的传统。今天苏南乡镇企业受传统影响的痕迹仍是很明显的（刘家强，1997）。实际上苏南地区河网密布、水土丰美，作为中国重要的商品粮供应基地每年承担着国内巨大的粮食生产任务。同温州地区受制于土地资源短缺不同的是，苏南地区是因集成化农业生产后大量劳动力闲置而引起的创业需求，后文在社会环境影响章节中会做详细分析。但是苏南地区土地与人口的矛盾与温州地区一样，促使人民离开土地走上创业之路。地理环境因素的影响对于创业活动与创业精神的形成仍是首要的。

在上述两个案例中，土地作为地理环境因素的一部分对创业活动的影响都是极大的，进而影响到当地创业精神的面貌。土地资源的相对短缺，使当地人民急需改变现状，激发了他们开拓进取的创业激情，并在地方上形成了“走出去”的社会舆论的“正当性”。创业意识成为全民共识，正是有赖于这样相对匮乏的地理环境的反向刺激机制。这也更加反衬出创业先驱者大无畏的勇气和积极的创业态度。

2. 优越的地理环境对创业精神的影响

优越的地理环境因素以正向的刺激机制为创业活动提供了良好的舞台，深圳地区就是这样的例子。深圳地处中国广东南部，东临大亚湾，西至珠江口伶仃洋，属于亚热带季风性气候地区，降水丰富，气候宜人，常年平均温度为22.5℃。总体来说，深圳地区依山临海，水资源丰富，交通便利，地理环境相当优越。此地自古极少农垦，生活方式以捕鱼为主。史籍记载，宋朝时期，深圳已是南方海路贸易的重要枢纽，并曾是晚清前深港澳地区的政治中心，在抗战时期有“粤省前哨”之称，其地理位置的重要性自不必赘言。中华人民共和国成立以后，1979 年，当时隶属广东省的宝安县更名深圳；1980 年全国人大常委会批准在深圳设置经济特区；至 2004 年，深圳已成为无农村的城市。深圳特区如此迅猛的发展速度，优越的地理环境为其提供了最基本的保障。其渔业传统也使当地农业经济思维淡薄，人口流动性大，人民颇具开创精神。现代都市的建设所遇阻力相对较小，开发成本较低。创业精神中最重要的开拓创新、敢闯敢干的精神，与海洋生活环境所造就的民族性格有相当的共通性。地理环境的优势地位也就成为区域创业精神形成的得力推手。

二　地缘优势因素分析

地缘因素是经济活动中极其重要的一个因素，它对于参与者参与投资、吸引投资有着决定性的作用。地缘优势又分为区域内的地缘优势与周边地缘优势。区域内的地缘优势主要是指在一定区域内，某企业或产业因其具有更多的认同性及人脉资源等，故而拥有比区域外的企业或产业更多的资源与发展机会。例如，在温州，南宋时期民间制鞋技术与工艺就已经成形，已经有了制鞋专业户。到了明朝万历年间，除了制鞋的专业户外，甚至一般百姓皆可制鞋。明成化年间，温州所产鞋靴已然成为朝廷贡品（祝宝江，2009）。近代创业的温州人，有相当一部分从制鞋起家，开创了自己的事业。正是这种地缘优势，使制鞋业在当地拥有更多的认同感并获得更多的技术资源。这成为当地创业活动不可或缺的一部分。因区域内地缘优势对创业精神的影响与历史文化影响等有较多重叠部分，故而本小节主要以周边地缘优势概念，试析地缘因素对于创业活动的影响来探究创业精神形成的原因。

中关村高新技术产业园区以“中国硅谷”之称雄踞国内高新技术领域领头羊的地位。其中成长出的诸如联想、百度、博奥生物、神雾热能等高技术企业，凭借其顶尖的技术水准，缔造了一个又一个商业神话。“问渠哪得清如许，为有源头活水来。”中关村的技术优势是由其地缘优势所决定的。中关村所在的地区是我国科教智力和人才资源最为密集的区域，拥有以北京大学、清华大学、北京航空航天大学为代表的高等院校 41 所；以中国科学院、中国工程院所属院所为代表的国家（市）科研院所 206 家；国家级重点实验室 67 个；国家工程研究中心 27 个；国家工程技术研究中心 28 个；大学科技园 26 家，留学人员创业园 34 家。至 2017 年，中关村共有中央“千人计划”人才 874 人，占全北京市近八成。[①] 中关村正是以北京市为依托，凭借众多科研院所及高校为其提供的地缘优势，向园区内源源不断地输送着高技术与人才。北京市作为我国首都，也吸引大量外资的注入及周边河北、天津等省（直辖市）及东北地区的高等人才。而中关村作为北京的科创园区，又将北京所吸引的资源尽数集中在园区内。这正如一条水量充足的明渠，将源源不断的“活水”输送进这片创业的热土，浇灌着一批批新老创业企业茁壮成长。拥有如此密集的高端技术人才，中关村的创业精神中充满了势必领先、势必创新、势必为梦想而奋斗终生的自信与理想主义色彩。多年以来，中关村都是以科学民主、与时俱进的理念，秉承科技创造财富的价值观，塑造着自己勇于创新、不惧风险、志在领先的创业精神，自我担负起率先从“made in China”（中国制造）到“made by China”（中国创造）转变的创新使命。整个京津唐地区所提供的地缘优势，使中关村诸企业在创业过程中，获得了良好的人才供应与技术保障，这一点正是促成中关村创业风格的关键成分。地缘优势的作用在中关村创业精神的形成上有相当重要的甚至是决定性的作用。

① 资料来源：百度百科“中关村科技园”。

苏南地区顾名思义为江苏省南部地区，主要位于太湖北岸与东岸，东依上海，南通浙江杭州等地，是我国著名的长江三角洲工业基地。上海作为国际性大都市，在自身发展的同时，通过以其为中心的涵盖制造业、服务业、副食品业、运输等多个行业的带动发展，为周边区域带来相当大的经济发展机会与市场。受惠尤甚的莫过于苏南地区。苏南的乡镇工业在经过一定的发展之后，于 20 世纪末抓住了国际化的机遇。沿海地区开始发展外向型经济给苏南创业人提供了新的发展平台。伴随着 20 世纪 90 年代初即开始的上海浦东的开发，继而苏州的新加坡工业园的设立，这一区域的创业者积极利用外向型经济趋势扩大对外出口，大量企业由起初单纯面向国内市场开始转向瞄准国际市场。多个国家级工业开发区为主的多种开发区类型为吸引外资的主要资源，大量引进外资，尽力提升经济的国际化程度。其中苏州、无锡和常州均有国家级高新技术开发区，除此以外还有张家港国家级保税区、苏州新加坡工业园和无锡国家级工业设计园。特别值得一提的是昆山人自费开发后得到国家承认的昆山国家级开发区。所有这些开发区的硬软件环境建设都成为引进外资强有力的吸引力。这个区域成为我国外资企业和台资企业最为密集的区域之一，世界 500 强企业差不多有一半落户在这里。经济的开放也成为这一区域发展多种所有制经济的强大推动力。外资企业的大批进入和各类企业的开放背景大大提升了这一区域的市场化水平（洪银兴，2007）。上海作为中国外向型经济开发的前沿阵地，为苏南地区所提供的周边地缘优势是显而易见的。其作用不仅仅是提供了市场或资金，更多的是诸多资源对于周边地区的关注度的提升。苏南地区的工业外向型发展，正是得益于上海地区的资源外溢。投资资本在竞争激烈的上海固然有着良好的商业平台，却也有相对较高的经营成本，而苏南地区看准机遇着力建设的配套产业园区，为这些资本提供了较优的置业环境，又不至于距离上海这样的国际金融中心过远。这成为苏南地区企业国际化的一个强有力的助推剂，地缘优势开始显现作用。可以说，苏南创业精神中争优争先、追求卓越的品质也正源于国际化的发展机会。国际化的进程，也动态地塑造着新的苏南区域创业精神，也给了苏南企业创造行业最优的信心和勇气。上海所带来的地缘优势促进苏南的企业发展，苏南的企业发展促进其创业精神的变革。

深圳地处珠江三角洲，与香港一水之隔。清代港岛、九龙、新界等地都隶属深圳管辖，深圳曾是深港澳地区的政治中心。因清政府与西方列强签订的《南京条约》等一系列丧权辱国的条约，香港与深圳划境而治。直至 1997 年香港回归，香港地区才重新纳入中国管辖范围。而在 1980 年全国人大常委会已批准设立深圳经济特区。深圳在经过十数年的高速发展后，迎来了香港回归的重大挑战。曾为“亚洲四小龙”之一的香港是第二次世界大战后，继纽约、伦敦之后的世界第三大金融中心，更是亚洲金融、服务与航运中心。当时为人称道的“深圳速度”面对如此强大的竞争对手，失去了原本迅猛的发展势头，甚至一度被媒体普遍唱衰。但是，深圳并没有在竞争中失去自我，而是以自身原有的建设基础，积极融入香港商圈，利用香港地缘优势，发展自身经济。深圳经济虽然失去了初创时期梦幻般的甚至有些疯狂的增长速度，但变得更加成熟和全面。利用香港所带来的国际化优势，以及与香港相比较低的土地成本优势，深圳创业企业得到了香港资本乃至世界资本的青睐，有了更大更广阔的发展空间。在香港的带动下，深圳地区逐渐建立了与国际接轨的金融体系。竞争带来更多的是机遇，深圳创业人牢牢把握了香港金融区的资源优势，迅速成长，逐渐有了与香港比肩的趋势。如今的深圳，已经开始在与香港的竞争中互利共赢、相互拉动，并成为香港特区与中国内地的连接纽带。甚至整个珠江三角洲地区，在香港所提供的地缘优势环境下，都有较显著的发展。香港是一个强劲的火车头，拉动着区域内经济的快速进步。深圳作为中国改革开放“试验田”和“窗口”，具有先发优势，凭借着一系列的制度创新、体制改革而取得了令全球瞩目的经济成就。如今它又乘着香港特别行政区这辆快车，续写着春天的传奇故事。深圳创业者在这当中，是亲历者和参与者，他们用自己的双手改造了深圳，又在香港回归之后借着其地缘优势所提供的国际视野，在竞争中磨砺并完善了自己的创业企业。创业精神也由起初的试验性冲劲和猛劲转变为更加成熟的开放包容、兼容并蓄。香港带来的不仅仅是竞争，更多的是对于深圳的促进与激励。

地缘优势的因素在市场经济时代具有重要的意义，它对于区域创业精神的形成有一定的辅助作用。地区内对何种地缘优势的利用，决定了其所产生相应的创业产业模式和其产业模式自然衍生出的创业精神的内涵。

三 历史文化因素分析

“文化是经济竞争力背后的支撑力，社会变革、经济发展、生活方式的变化，必然同时也是文化观念的变革。”（谢志远等，2008）任何区域的经济发展和创业实践都与当地深厚的文化底蕴是一脉相承的。每个地区不同于其他地区的创业精神，可以说是当地人民与生俱来的，是文化基因的遗传，是百年甚至千年历史文化的厚积薄发。费孝通先生在《小商品大市场》一文中这样写道：“五十年前的记忆，五十年后眼前的市场，其间脉脉相通，也可以说是历史的必然联系。”（费孝通，1986）这正说明了历史文化与经济发展乃至创业精神之间存在着的必然联系。

1. 温州地区的历史文化影响的分析

南宋时期，浙江东部地区逐渐勃兴的事功学派，可以说是近代温州地区功利主义思想的滥觞。其创始人薛季宣、陈傅良均为今浙江温州人。代表人物为叶适

（今浙江永嘉人）、陈亮（今浙江永康人）、吕祖谦（今浙江金华人），其中叶适为事功学派之集大成者。事功学派主张“工商皆本”、“商借农而立，农赖商而行”和“义利并存”等观点，反对空谈性理，讲究实效，主张义利并举。事实上，事功学派所主张的正是一种“经世致用”的价值取向，它以明确的利益追求为驱使，反对程朱理学家们先“修身、齐家”然后再“治国、平天下”的“迂回”成功方式。将治学与经世相统一，治学的目的就是经世致用，直指目的本身，不尚高谈阔论。叶适从“致用”的立场出发，强调“读书不知接统绪，虽多无益也；为文不能关教事，虽工无益也；笃行而不合于大义，虽高无益也；立志而不存于忧世，虽仁无益也”。他认为“欲折衷天下之义理，必尽考详天下之事物而后不谬”，表现出鲜明的经验主义的思想个性。到了清代，这种以“世务”为治学宗旨的风气表现得尤为突出。黄宗羲明确强调“学问所以经世”，治学的目的“大者以治天下，小者以为民用”（吴光，1994）。到 19 世纪末，被称为“东瓯三先生”之一的陈虬提出“齐商办，捷商径，固商人，明商法”的经济政策主张。简言之，“见之事功，经世致用”是事功学派的理论出发点，也是这方土地所孕育的人民的共同认识。

另外，温州地区自古以来手工业发达，从而促使城乡商品经济发达。资料显示，北宋绍圣年间，当时的温州叫作永嘉县，已经呈现出“一片繁华海上头，从来唤作小杭州”的繁华景象。唐代的里坊制度在此时已经崩坏，商品经济的发展以空前的速度迅速蔓延。甚至当时的永嘉县城里就已经出现了不夜城的萌芽，正如诗中所描写“过时灯火后，箫鼓正喧阗”。自宋代起，温州就已经堪比杭州了。何况古有“上有天堂，下有苏杭”的说法，以温州比杭州，可见当时的温州地区的繁盛程度。且温州地区在南宋时期的交通较为发达，是南方学子赴临安（今杭州）赶考的必经之路。且当时温州设有温州港，海路通东南亚各国，国际贸易频繁（祝宝江，2009）。这样的历史文化传统必然会对当地人民的意识形态产生深远的影响。

2. 中关村创业精神受地域文化影响的分析

中关村地区的创业精神受深厚的地域文化的影响。中关村地区地处我国首都北京，深受北京浓郁的地域文化影响。北京作为历史文化名城，有着 800 多年的建都史。西汉“罢黜百家，独尊儒术”使得儒家文化成为我国的正统思想，传统儒家文化对人们的影响巨大，其中倡导吃苦耐劳、自强不息、刚健有为、诚信友爱、仁义等精神更是成为我国重要的精神财富，对于人们形成自力更生、艰苦奋斗的创业精神具有重要的意义。近代以来，在国家遭受灾难的时候，一批批仁人志士奋发图强，寻找救国图存之路。“洋务运动”“辛亥革命”“五四运动”“一二·九运动”等不仅为中关村地区带来爱国主义精神，也为中关村地区带来了民主、科学精神，促使一大批人走上实业救国之路。同时北方人开朗大方、善于沟通交流的性格，也使得他们在创业实践过程中更加自如，中关村地区众多的创业者大都在这种文化底蕴的影响下走向成功。

3. 江苏地区的历史文化影响的分析

苏南人民在长期辛勤劳作中创造了灿烂的吴越文化。从历史上看，苏南地区人文心态经历了“市隐文化心态”到重商重事业的新型价值取向的转变。循着苏南文化发展的历史脉络，可以清晰地发现苏南地区的创业活动与创业精神古来有之。据史籍记载，秦汉以降，吴地与日本、朝鲜、中国台湾、南洋诸岛就有经济文化往来，是一个外向型的、开拓包容的文化体系，往往容易得风气之先并且敢为天下先。在明清时期，苏南地区特殊的地理位置使之最早接触西方资本主义外来文明，并迅速接受、融合。鸦片战争以后，上海地区从吴越文化中脱胎出一种崭新的“海派文化”。它以前所未有的包容性、现代性与开放性闪烁着中国本土文明与西方资本主义异质文明激烈碰撞而产生的火花。这种火花并没有一闪而逝，而是以燎原之势迅速发展，为苏南其他地区注入了新的文化因子，开阔了人民的视野，丰富了人民的精神，进而改变了人民的传统价值观念。这个过程是漫长的，却是真实发生的。也可以说，西方文明的介入，进一步使苏南传统里的开拓、闯荡、进取与冒险精神更加彰显。改良后的苏南精神结构更加适应新时代的发展，并一直影响延续到近代乃至现代的社会变革。18 世纪 60 年代，改良思想先驱冯桂芬大胆提出了“商为国本”“商为富源”的思想，沉重打击了“重农抑商”的传统思想（任桐，2001）。另外，近代海派资本主义的发展，对苏南地区的影响无疑是巨大的。苏南人民对新思想、新文化的接纳，对于启迪民智、开化民风有重要作用，在一定程度上保证了苏南人能够突破陈规旧俗、勇于开拓、顺应时代潮流。强烈的致富愿望、敏锐的经济眼光、较强的商品意识使苏南人善于抓住机遇，有全局观念，具有比较务实的品性，这也反映在他们的典型区域创业精神里。

同属江苏省的苏北地区历史文化，在苏北历史发展过程中，曾先后交替兴起过楚汉文化和淮扬文化。随着经济社会的发展，苏北文化也发生了自然的变迁。然而，由于文化本身所具有的浸透性和延续性，直到今天，这两种主要的文化精神仍然像一双看不见的手在影响着苏北地区的人们。从文化发生学的角度来看，无论是楚汉文化还是淮扬文化，从总体上来说都是一种保守文化，没有受到西方资本主义异质文化的撞击与融合。从某种意义上来说，西方异质文化也进入过苏北，但其影响深度和广度是较为有限的。因此在保守性、封闭性较浓的文化氛围里，大部分地区仍保留有浓厚的传统风俗习惯、生活方式及道德观念。这种传统即是农业传统，本质上与现代经济思路是相抵牾的。苏北地区人民对于新的事物、观念有本能的排斥心理，而对于传统的本土文化却情有独钟，并且时常将之作为价值判断或道德判断的标准（王腾，2008）。在改革开放的30多年间，社会的发展处在一种动态的、变革的、思想与精神大解放的氛围，苏北地区人民的思想在其根深蒂固的传统文化影响下，对新生事物是抵触的，转换较慢。此时就显现出其守旧文化从根本上所缺乏的风险意识、创新意识、变革意识和商业意识。苏北和苏南地区两种不同的历史文化氛围所造就的不同群体性格，使其在对待创业活动时所表现出的态度与行为能力产生差距，进而使其创业活动的深度与广度差距甚大。苏北地区的经济发展水平、人民生活水平及小康社会建设进程都与苏南地区有明显差距。

四 社会环境因素分析

社会环境因素在区域创业精神中也扮演着一个重要的角色。区域内的创业活动，都是由一个个具体的人来完成的。而人是社会的人，他们都受到社会环境中这样那样的制约或享受到社会环境所提供的便利。社会环境的影响是一把双刃剑，在一种社会环境背景下，形成何种创业机制，有其必然性。一种创业机制之所以能生存也是因为它符合了现有的社会环境，是众多的创业者通过实践而得出的一条行之有效的道路。在这种创业机制下培养出的创业精神，也是先驱者在相应的社会环境里探索而得的宝贵精神财富。下面以苏南创业活动中社会环境的影响为例，探讨社会环境对创业活动的影响以至对创业精神的形成的作用。

苏南创业模式的形成，有其社会环境影响的必然性。苏南模式的发展过程，是一个乡镇集体经济和乡镇工业在改革开放的推动下，逐步实行市场经济的过程，并且苏南地区最终成了地区的工业化主体和经济主体。苏南创业者在这个过程中是以一个集体成员的身份参与到区域经济市场化的进程中去的，而其所秉承的创业精神，也是集体经济创业的产物。所以在这个过程中，社会环境因素扮演着这一区域的创业活动的大背景的角色，为创业活动提供了包括经济因素、政治因素在内的多种影响。

首先，农村劳动力的过剩迫使人口向乡镇转移并进一步促进城市化，为苏南模式的发展提供了基础。中华人民共和国成立初期的人口政策，至19世纪70年代，开始显现失策。人口的爆发式增长使土地资源持续紧缺。人民对于居住条件改善的不断追求，导致农业用地不断萎缩。苏南地区自古以来经济发展良好，人口密集，人口基数较大，所以土地压力尤甚。苏南地区在19世纪70年代初人均耕地即已降到一亩左右，个别地区人均耕地甚至仅为0.9亩。十一届三中全会后，随着农业生产责任制的不断健全和农业机械化水平和科技水平的不断提高，农业集约化经营程度越来越高，社会劳动生产率也越来越高，农村已从半自给经济发展到较大规模的商品生产经济，从落后的农业向现代化农业发展，从单一种植经营方式逐步向农副工商综合经营发展，使单位面积土地上所需劳动力进一步减少。在农用地减少、农业就业岗位减少和人口增加的双重压力下，农村非农产业的发展，农村工业向城镇集中及农村人口向居民点聚居、高效益利用土地就成为必然趋势。闲置在土地上的人口向乡镇转移，为乡镇经济的发展提供了劳动力基础，并进一步促进乡镇经济扩大，向市场化迈进。所以说，这种人口流动趋势最终成为农村人口城市化最基本也是最强大的助推力，为苏南创业模式的发展提供了基础。

其次，乡镇工业的发展和农业收益的低微促成了劳动力的转化，为苏南模式的发展提供了契机。苏南人口城市化是与当地乡镇工业发展同步进行的。农村劳动力的过剩及寻求出路，成为乡镇工业发展的内在因素。乡镇工业是农村剩余劳动力以新的劳动手段与新的劳动对象相结合的产物。苏南地区人地矛盾之尖锐，使得改革开放以前相当长的一段时间里，建立在传统家庭手工业基础之上的乡镇工业在农民的支持下一直潜滋暗长于重重压力和限制之下，到“文化大革命”后期，甚至从县、镇到公社、大队各级，及学校都积极办工业。这使得苏南地区的乡镇工业发展有良好的社会基础，并以潜滋暗长的形式度过了最艰难的初创阶段，一旦有合适的土壤，便可以迅速开花结果。党的十一届三中全会以后，乡镇工业便如雨后春笋般蓬勃发展兴起，从而吸收了大量农村剩余劳动力并大大提高了农村生产力水平和农民收入，使苏南地区走上了城乡经济协调发展的道路。无论是在实现农村人口城市化的速度和程度方面，还是在城乡差别、工农差别缩小等方面，苏南地区都走在了全国的前列。这样一个过程，建立并塑造了一批新型的小城镇，使大批农村剩余劳动力转化为小城镇人口。此时的人口转移，已经是自发性的、主动的转移行为，乡镇企业的发展为农村剩余劳动力提供了更多的收入，更极大地改善了生活条件。相比之下，农业生产与非农产业在收入差距上逐渐拉大，粮、棉、油等农产品种植的比较利益甚至在各行业中处于最低位置。乡镇工业的发展所得的利益较继续从事农业种植类生产有更强的吸引力，于是彻底改变了起初劳动力转移只是迫于土地压力的无奈之举的局面。从全局来看，乡镇工业的发展可以说是整个苏南创业活动的初创阶段，正是有了这一阶段的稳定而持续的发展，才有之后完整意义上苏南模式形成的可能。这是一个契机，被苏南创业者牢牢抓住，成为苏南模式形成过程中的重要阶段。

再次，大中城市对过剩人口的排斥和小城镇对劳动力的需求为苏南模式的发展铺平了道路。江苏省尤其是苏南地区的大中城市发展较为成熟，在明清时城市规模已经很大。从中华人民共和国成立到 19 世纪 90 年代 40 年的发展，苏州、无锡、常州三市均已迈入现代大城市行列。苏南大中城市在发展过程中，对农村剩余劳动力的需求起到了相当巨大的作用。但是随着城市规模的超大化，人口的过度集中，环境过载，交通、住宅、副食品的供应成本逐年提升，造成大中城市负担过重。这些城市无力继续容纳更多更集中的人口，对农村剩余人口的吸纳力逐渐减弱。加之城市范围的扩大，城市中的工业企业与能源及生产原料供应地的距离也日渐拉大，生产成本提高，这对生产产生诸多不利影响。于是，大中城市开始对农村剩余人口进入城市产生排斥力。如何达到城乡生产力的合理分配和城乡协调发展，这对小城镇提出了新的要求，也提供了新的动力。小城镇作为大中城市与农村的结合部，起到有效的连接和过渡作用。在很好地整合城市资源的基础上大力发展乡镇企业，并吸收安置大量农村闲置人口，减轻了大中城市人口集中的压力，并使农村劳动力得到充分而合理的利用。有了乡镇企业作为缓冲区，积蓄而出的是工业实力的持续增长与人口流动的合理分配，这两个重要的社会问题得以解决，为苏南地区经济大发展铺平了道路。

最后，因"文化大革命"影响而形成的农村经济的发展作为政治因素为苏南模式的发展提供了外在条件。"文化大革命"前，苏南地区大中城市的工业已有所发展，因受到"文化大革命"中派系斗争和普遍停工闹革命的影响，城市工业难以为继，无法进行正常生产。但是社会生活仍要继续，商品的需求量依然不减，以及众多外贸订单仍需完成。而相比政治运动风起云涌的城市，农村局面相对稳定，可以为工业生产提供较为和平稳定的环境。于是以下放插队的干部和知识青年及一些家在农村的退休工人为中介，城市里无法正常进行的生产逐步转移到乡下。此时期的社队工业即在这样的背景下产生。它以插队干部、知识青年和退休工人为中间人，利用乡下较稳定的环境，维系了"文化大革命"时期苏南地区的工业生产，并成为苏南特有的集体工业经济的萌芽和催化剂。以辩证的历史眼光看待这一阶段，因"文化大革命"而造成的负面政治影响，成了苏南集体经济的最主要的外在影响条件（刘家强，1997）。

综上所述，由人口城镇化、小城镇的工业发展及"文化大革命"的政治影响等因素复合而成的社会大环境，造就了苏南地区公有制程度较高，促成了苏南模式里特有的集体创业。集体创业模式在市场经济时代就拥有相对温州的独立创业者要丰富许多的生产资料，才能造就诸如红豆集团等大型集成化创业实体。苏南区域创业精神里的不同于温州地区且不同于其他各地区的合作与争优的创业精神是其特有的社会环境的产物。

五 政府干预因素分析

在我国现有的经济体制下，政府的政策干预对于创业者有着相当巨大的影响，甚至起着决定性的作用。因政府的干预而形成了不同的区域创业情况，进而培养了区域不同的创业精神。政府政策对创业精神的影响又分为正相干和负相干。正相干是指政府的政策干预通过划定经济开发区或帮助招商引资，以及政策倾斜等来实现对区域内的创业者相当的促进和帮助作用，进而相应的区域创业精神的产生有相当的政策干预因素，包括宏观的干预和具体的干预。负相干是指政府从宏观层面考虑，对相应地区的政策干预较弱，如特定地区的政府投资较少或无相应优惠政策等，从而使区域内的创业者较为忽略政府干预，其经济活动具有较强的自主性与自发性，进而形成了独特的创业精神。

1. 政府正相干

在创业精神形成的过程中，政府的正相干作用以政府参与和政策指导为主要体现。“苏南模式”是中国城郊经济在大中城市的辐射和带动下，通过城乡结合，使农工商协调、和平发展的模式。这样的经济发展道路不可能由个人倡导并实施，属于政府层面行为。整个区域里的宏观层面上的资源分配与产业模式，有且仅有政府具备控制的能力与权力。政府在苏南地区的创业活动中，作为一个资源的整合者和项目的开发者，起到了引领散户的作用。正如前文所述，因当地集体经济比重较大，政府有能力且有责任担当起创业活动的发起者。因此，苏南地区的区域创业精神，就在很大程度上受到这种创业模式的影响。苏南地区人民对于其尝试性实施的新型公私合作模式，以及将公司做大做强并成为国内一流甚至世界领先的企业有相当的思想准备和信心。这也是其创业精神中要做就做最好的深层思想来源。在微观层面上，苏南地区的创业活动中就有政府直接参与创业的案例，虽然是乡镇一级的低级别政府在乡镇企业的整合中参股，但这为创业者带来了信心与勇气。

政策指导甚至是政策倾斜，对于社会主义国家的经济建设有着举足轻重的作用。深圳特区的建立即是在邓小平同志的倡导下，中央一致决定实施的一个国家级“创业项目”。深圳在创业初期，国家政策与法律法规都给予了相当大的空间，国家也给它提供了大量的经济支援与帮助。深圳的创业人在政策的指导下，从一穷二白、白手起家，到现在取得举世瞩目的成就。起关键作用的兼容开放的创业精神，即在这样宽松的环境中产生。邓小平同志也代表党中央，在深圳探索阶段给予了充分的肯定与帮助，对于当时深圳众多创业者形形色色的“越轨”行为，都给予了支持的正面态度。这也使得深圳创业者得以创造出众多新的经济增长模式与方法。如果没有中央的一致支持与持续修正，就不会有如此开放并包、创新的深圳发展模式，深圳的区域创业精神也无从谈起。

中关村科技园区的一步步成长，也离不开政策干预。在“中关村电子一条街”刚刚兴起之际，中关村还仅仅是一条缺乏管理的电子产品一条街，鱼龙混杂且无任何硬件保障。北京市政府看准契机，迅速在中关村设立了我国第一个高新技术产业开发试验区，将中关村的发展归入政府的管控范围，为中关村指明了发展方向。这是中国第一个以电子信息产业为主导，集科研、开发、生产、经营、培训和服务为一体的综合性基地，并成为日后众多科创园区的参考模板。中关村开创中国式硅谷的探索，得到了政府层面的高度肯定及全力支持。政府对其在硬件环境建设、招商引资等方面格外重视，并提供众多科研资源，使中关村的理念确定为以科技制胜。政府干预对于中关村区域创业精神的作用可见一斑。

中关村创业精神受政府政策的影响。中关村地区相比较其他地区而言，发展历程较短。中关村起源于 20 世纪 80 年代的“中关村电子一条街”，自初期起就受到党中央国务院的高度重视。国家相继出台多项优惠政策支持中关村地区的创业发展。1988 年 5 月，国务院批准成立北京市高新技术产业开发试验区，以实现对中关村地区的统一领导与管理。1999 年 6 月，国务院批复要求加快建设中关村科技园区。2005 年 8 月，国务院做出了关于支持做强中关村科技园区的 8 条决定。2009 年 3 月，国务院批复同意建设中关村国家自主创新示范区，要求把中关村建设成为具有全球影响力的科技创新中心，成为创新型国家建设的重要载体，掀开了中关村发展的新篇章。2011 年，国务院又批复同意了《中关村国家自主创新示范区发展规划纲要（2011—2020 年）》，进一步明确了中关村示范区今后十年的战略定位和发展思路。2012 年，国务院批复同意调整中关村国家自主创新示范区空间规模和布局，由原来的一区十园增加为一区十六园。从中关村的创业发展历程我们可以看出政府政策在其发展过程中所起到的重要影响。

2. 政府负相干

政府干预对创业精神的形成有负相干影响的典型案例之一便是“温州模式”的发展。学者汪国华在其《“苏南模式”与“温州模式”比较研究——一种新经济社会学视角》一文中这样写道：“‘温州模式’，它是典型的‘市场主导型’经济发展模式，即主要依靠市场、企业家的创新作用来发展本地经济，政府相对无为而治。故而在‘温州模式’发轫时，政府是在其网络之外的。”（汪国华，2006）温州的创业者是以个人的劳动为基础，逐渐积累，再带动他人，然后以互相带动连接形成网络。以家庭为单位的小型企业遍布温州，其中的关系网则主要存在于亲戚朋友之间，其合作模式也主要在这种网络范围内。这个网络中，政府的参与极少甚至没有。数据显示，中华人民共和国成立以后至 1987 年间，将近 40 年的时间里，国家对温州的资金投入仅仅 6.55 亿元（蔡克骄和陈勰，2000）。在如此少的资金投入下是很难进行有效的产业开发的。国家投入与政府政策都没有较好的经济发展点，其不利的土地条件也不利于外资的引入。在这种情况下，温州人不等不靠，积极地靠自己解决问题。从中也不难理解温州区域创业精神中自主、创新、合作、能吃苦这种种精神的生发根基，唯一能依赖的，只有自己勤劳的双手和走出去自己寻找生路的勇气。于是温州人开始了自主创业，开动脑筋想办法，与亲戚朋友合作，最终成为一方创业典范。如果政府的投入在温州人创业之初就增多，并有明确的政策引导，温州的创业之路可能会与苏南地区或深圳类似。但正是因为政府的这种负相干作用，从某种意义上可以说将温州人“置之死地而后生”，相应也就产生了温州地区不同于苏南和深圳的创业精神。一切都是自己动手，不依靠他人，不等待帮助，所以常说温州人“白天当老板，晚上睡地板”。这正是温州创业者从不依靠他人、自己身体力行的真实写照。温州的老板同时又是员工，他们靠自己的力量，开创自己的事业。如上文所述，温州发生自然灾害时采取企业自救的方式恢复生产，也同样与这种自立精神相吻合。这样的精神是土地资源的匮乏“逼”出来的，也是政府政策对于温州地区不加干预“逼”出来的，也是温州人民坚韧的群体性格使然。

从创业形成机制来看，负相干也是一种反向的激励模式，是孕育出如温州此类自立自主创业模式的必要基础。它可以被看成是无奈之举，但更多的是温州人民不甘于现实，靠自己双手赢得的成果。而其典型创业精神的形成，也是这种负相干激励模式的必然产物。

第三节　区域创业精神传承创新

纵观我国各地创业实践历程，温州、苏南和中关村地区因各自不同的社会环境因素的影响，其区域创业精神表现得尤为突出，三地的创业氛围也最为浓厚，创业实践效果也最为明显。以三者为例，分析其区域创业精神演变历程，将有助于我们更好地了解和认识区域创业精神影响因素，并为接下来更好地传承和创新区域创业精神提供科学的佐证。

一　温州区域创业精神的传承与创新

在中国，没有哪个地方像温州一样，在改革开放的大潮里一次又一次成为舆论的焦点，也没有哪一个地方像温州一样，有那么多人分布在中国乃至世界的每一个角落。但是温州地区“七山一水二分田”的地形条件，使得温州人民单靠传统生活方式难以维持生计。在这种人均耕地面积少、国家初期投入少、可用资源少、交通条件差的条件下，温州人另辟蹊径，敢为人先，利用自身优势走经商道路，不断进行创业实践。温州人从 20 世纪 80 年代开始，白手起家，走南闯北，做过补鞋匠，贩卖过衣服，弹过棉花，鼓捣过小五金、小塑料等，不以物小而弃之，不以利薄而不为。正是在这种坚持下，温州人走出了一条具有自身特色的经济发展道路，即“温州模式”。温州的许多民营企业家，他们在创业初期是小学毕业、初中毕业，并没有受过高等教育，无论是正泰集团董事长南存辉、德力西集团董事长胡成中，还是康奈的老总郑秀康、美特斯邦威的老总周成建，他们也都是艰苦创业起家。这与温州人的创业精神有关，与温州区域文化是分不开的。传承什么？如何传承温州区域创业精神，并在传承中如何创新，可以从以下几方面入手。

（1）传承并创新永嘉学派精神内涵。早在宋代，温州就形成了一种有别于传统儒家文化的区域文化——“永嘉学派”。它反对“重义轻利”“重农轻商”的儒家观点，主张经世致用，提出“利益并重”，强调“工商皆本”，呼吁朝廷给商人以政治和社会地位。这是对当时温州商品经济普遍发展与繁荣而产生的自发性市民意识的自觉的理性加工与提炼，反过来又促进和引导这种市民意识的形成和发展，并成为历史上温州市民意识的区域文化基因。深受这种区域文化熏陶和潜移默化影响的温州人形成了重实际、讲实利、求实效的思维方式，形成了敢于思考、敢于进取、敢于创新、敢于冒险、敢于竞争的思想意识。我们要传承永嘉学派精神，同时要结合新时期、新特点，要创新发展，概括而言是“实干兴邦”，其内涵就是实事求是的务实精神。

（2）传承并创新当代温州创业精神。温州人的创业精神具有以下六个方面。一是特别能自主的创业精神。温州商人大都白手起家，依据市场需求，自主创业并形成了“自主改革、自担风险、自我发展、自强不息”的“四自”精神。二是特别能吃苦的创业精神。“温州人白天当老板，晚上睡地板”，吃苦耐劳的精神是温州人的骄傲。改革开放初期叫作“四千精神”就是历经千辛万苦、说尽千言万语、走遍千山万水、想出千方百计发展商品经济。三是敢于冒险的创业精神。温州人不仅在温州本地创市场，而且跑到全国各地办市场、闯市场，甚至把市场直接拓展到国外。“哪里有市场，哪里就有温州人；哪里没有市场，只要有温州人就可开辟出新市场。”它可以概括为“敢为人先，特别能创业”。四是特别能创新的创业精神。改革开放 30 多年来，温州人敢为人先，成功地走出一条脱贫致富的区域经济发展道路。例如，第一批发放的个体户工商执照，第一个专业性小商品批发市场（永嘉桥头纽扣市场），第一批股份合作制企业，第一个集资建造的飞机场，第一个开辟的经营包机航线等，据统计共有 20 来项全国第一。温州到现在也是金融改革试点城市。这都体现了温州人特别能创新的创业精神。五是特别能讲求合作的创业精神。对于温州人来说，人际关系网就是信息网、生意网。六是特别务实的创业精神。温州人做生意，注重从小处着手。他们务实苦干，只要有一分钱就会不遗余力地去干，从不好高骛远，从不好大喜功。从零做起，一步一个脚印，踏踏实实，一丝不苟，是温州人创业的共同特点。

随着社会的不断向前发展，温州人的创业精神在新的时代背景下，又有着新的发展。必须看到温州人的创业精神中仍然存在的不足之处，必须保持冷静的头脑。比如，温州人“人人想当老板”的自我性很强，他们有竞争意识，但有时缺乏合作、协作和甘当配角的精神；温州人很精明、很务实，但有时往往偏重于眼前利益，缺乏长远眼光；温州人重人情，亲和力强，但有时规则意识不够。温州本土经济学家马津龙认为，温州人的冒险、创新等精神是值得大书特书的。但温州人精神需要被破解，需要赋予新的内涵。因为温州人精神是在特定历史阶段中有效的一种商业文化精神，不具备超越时代的永恒性。所以必须警惕，事过境迁以后，温州人精神可能会显现出负面效应。因为任何事物一旦形成思维定式，造成路径依赖，原先很多的惯性选择就会约束后来的选择。

因此，在新的起点上，要赋予温州人精神新的内涵和精髓，使温州人精神发扬光大。也正是在温州人创业精神的指引下，温州地区的许多地方高校积极地汲取温州人精神的精髓，再创温州模式、温州精神新辉煌。温州各大高校将温州精神融入大学生创业教育之中，比如温州大学、温州职业技术学院、浙江工贸职业技术学院、温州科技职业学院。以温州科技职业学院为例，其开展大学生创业教育主要侧重点在农类创业，不断汲取温州人创业精神，不断开拓创新，勇于实践，在开展大学生创业教育过程中，更加注重大学生创业教育与高校四大职能的有效对接，不断实现大学生创业教育向更深层次发展，并提出了未来农类高校开展创业教育主要从以下几方面着手：一是建设“点—线—面”的创业型校园，深化农类高校学生创业教育；二是构建“种子—苗圃—大田”的创业实践载体，以科技创新来促进创业教育发展；三是构建“农产品经纪人—农场主—农业企业家”的创业型人才培养体系，为农业现代化提供人才支撑。这些有益措施的推行，不仅有助于学院创业教育的不断向前发展，而且对于整个温州地区社会经济的发展和社会形象都有较大的提升作用。浙江工贸职业技术学院秉承温州人的创业精神传统，在开展大学生创业教育过程中认为“实施创业教育的目的并非是让学生都去自主创业，而是培养学生社会责任感、创新精神、实践能力的一条有效途径，为此，学院提出创业教育‘进头脑，进课堂，进考核’的要求”。这种人才培养模式不仅有助于大学生树立正确的世界观、人生观和价值观，而且将创业教育引入正确的发展道路，符合我国社会对人才的需求。因此，区域创业精神对于大学生创业教育的作用无处不在，不仅关系着大学生创业教育培育的人才质量问题，更关系着学院创业教育的未来发展方向。只有充分吸取本地区创业精神精华，积极应用到大学生创业教育中，才能保证大学生创业教育积极地走本土化道路。

二 苏南区域创业精神的传承与创新

苏南地区的创业精神，是苏南人民在长期的创业实践过程中所形成的创业创新理念和精神状态的具体展现，是苏南人民最宝贵的精神财富，更是引导苏南人民不断开拓创新、锐意进取的精神动力。同时它也是江苏精神的重要组成部分，是江苏精神在创业领域的集中反映。结合新时期的江苏精神，前文概括的苏南地区的创业精神主要包括以下几个方面：一是积极闯荡的创业精神。无论是远东集团的蒋锡培，还是红豆集团的周耀庭，他们在创业初期不畏艰辛，敢打敢拼。在别人还没有尝试的领域，他们勇于去尝试，最终用他们的激情与智慧获得创业成绩。二是全面合作的创业精神。苏南人创业从来都不是只注重个人成绩而忽视他人力量，也从来都不是只搞个人英雄主义而忽视团队合作的力量。三是自主创新的创业精神。苏南人敢于打破“重农抑商”的传统束缚，认为“工商皆本”，在发展实业过程中又不断实现自我创新，既能“引进来”，又能“走出去”。四是努力争优的创业精神。虽然苏南人秉承“老老实实做人，踏踏实实做事”的经商传统，但是骨子里的争强特质使得苏南人在创业实践过程中总是努力做到最好。苏南地区也正是在这种精神气质的感召下，形成了具有独特地域色彩的创业文化，激发着人们的创业激情。这不仅影响着人们的创业行为，而且对于地区教育文化的建设与发展也具有重要的促进作用。特别是苏南地区的众多高校积极地将苏南地区的创业精神应用到大学生创业教育过程中，不断更新人才培养理念，创新人才培养模式，走出了一条具有苏南特色的创业教育之路。其中又以南京航空航天大学、中国矿业大学、江南大学、江苏大学、扬州大学等江苏省首批 13 所大学生创业教育示范院校的创业教育影响最大。例如，南京航空航天大学在开展创业教育过程中，始终秉承江苏创业精神，不断更新思想观念，坚持创新引领创业，以创业推动创新，实现了创业教育与专业教育的有机融合，取得了一系列创业教育的实践成果。这种大胆探索、勇于实践的精神也使得南京航空航天大学在大学生创业教育上屡获佳绩。总之，苏南地区创业精神以其顽强的生命力和巨大的感召力，时刻激励着一代又一代的苏南人奋勇拼搏，开拓创新，不断创造出新的辉煌。在众多因素的共同作用下，苏南地区创业精神才能得以不断传承与发展。随着时代的不断前进，在新的历史时期，苏南人民依靠自己的聪明才智不断地将新时期的优秀元素融入苏南创业精神中，与时俱进，不断地体现新时期的时代特色。

三 中关村区域创业精神的传承与创新

中关村地区在其长期的创新创业实践过程中，形成了具有地区特色的创业精神，这种创业精神是历代中关村人最宝贵的精神财富，反映着他们的创业历程和创业心理状态，是过去、现在及未来我们都必须继承与发扬的优秀文化内容。具体说来，中关村地区的创业精神主要包含以下几个内容。首先，是勇于创新的创业精神。中关村从原来的无名小镇到现在的全国高新技术中心，中国的“硅谷”，靠的就是无数中关村人敢于破除旧思想，敢于放手一搏。其次，是敢于突破的创业精神。要创新就要突破，但突破从来都是艰难的。最后，是乐于爱国奉献的创业精神。中关村地区人们的创业初衷就是不想让他们的科研成果始终束之高阁，而是要转化为生产力。这也使得中关村地区的众多高校在开展创业教育过程中更加注重创业教育的本土化，更加强调大学生创业教育的外在影响力。在中关村区域创业精神的辐射下，北京地区众多高校的大学生创业教育或多或少都展现出各自的发展特色。例如，清华大学作为我国大学生创业教育的发源地，最先举办"大学生创业计划大赛"，拉开大学生创业教育的帷幕，为后来其他高校开展创业教育打开了思路。又如，北京航空航天大学依靠自身优势，充分汲取中关村区域创业精神内涵，注重学生创业实践能力的提升，形成独具特色的大学生创业教育人才培养模式，即以提高学生的创业知识、从业技能为重点。其特点是采用商业化运作，建立大学创业园，教授学生创业知识，并提供资金和咨询支持。还配套成立"创业管理培训学院"，负责创业相关服务，并且设立 300 万元的基金，评估学生的计划书并进行初期融资（孟芊等，2008）。

综上所述，我们也可以看到，地方高校在充分应用本土化创业精神开展创业教育的过程，不仅大大提高大学生创业教育的实效性，而且也为地区人才培养、经济社会服务贡献力量。回顾中关村地区创业精神的整体内容，我们也不难发现，中关村地区的创业精神与其他地区创业精神的形成一样，也是经历岁月洗礼，是历代中关村人不断继承与丰富发展的结果。总之，作为区域创业精神的典型代表，无论是温州地区创业精神、苏南地区创业精神还是中关村地区创业精神，其形成与发展都与当时当地的实际情况相联系。它来源于现实生产实践，又反作用于现实生活，是对人们在创业实践过程中所共有、被普遍接受与认可的诸如创业心理、精神状态、创业习惯等复杂心理活动的提炼与升华；都是各区域人民在长期的创业实践过程中积累起来的优秀创业文化，是激励着各区域一代又一代创业者不懈奋斗、勇往直前、开拓创新的不竭动力。以此为契机的各地大学生创业教育也因各自所在的区域独特的创业精神内涵而展现出不同的发展特色。

也正是看到了区域创业精神对于大学生创业教育的巨大作用，我们开始将大学生创业教育的视角由原来的单纯学习国外经验转向汲取国内优秀资源营养，将国外的创业教育理论与中国的具体实际相结合，积极探索适合我国大学生创业教育发展的新路径，走本土化创业教育之路。我们深知大学生创业教育的本土化离不开本土化创业精神的催进，创业精神内涵的与时俱进也促使大学生创业教育内容的不断更新与发展。

当前，随着我国社会的不断发展，在严峻的就业形势面前，也没有人再否认大学生创业教育对于经济社会的发展所具有的重要作用。同样，在新的历史时期，我们也必须更加重视区域创业精神研究，充分发挥区域创业精神对于大学生创业教育的积极作用，开拓思维，从中寻求突破，不断提高大学生创业教育的实效性。

第二章 大学生创业教育概述

创业教育作为一项新兴的教育模式，是为促进社会经济转型发展和顺应高等教育战略调整而提出的。联合国教育、科学及文化组织（简称联合国教科文组织）在 1989 年召开的“面向 21 世纪教育国际研讨会”中指出，创业教育是 21 世纪现代人的“第三本教育护照”。近年来，国家大力推进“大众创业，万众创新”，大力促进大学生创业教育发展。国家出台《国务院办公厅关于深化高等学校创新创业教育改革的实施意见》明确提出：“深化高等学校创新创业教育改革，是国家实施创新驱动发展战略、促进经济提质增效升级的迫切需要，是推进高等教育综合改革、促进高校毕业生更高质量创业就业的重要举措。党的十八大对创新创业人才培养作出重要部署，国务院对加强创新创业教育提出明确要求。”大学生创业教育被推到了一个新的高度。随后，大学生创业教育在全国各大高校中全面开展，收到了很好的效果。本书将进一步梳理我国创业教育发展历程，分析其面临的困境，预测其发展的趋势，以期让读者更加全面地了解我国大学生创业教育。

第一节　大学生创业教育发展历程

一　我国高校创业教育发展的背景

高校创业教育发展立足经济社会发展的这个大背景，从经济视角看，1998 年初，经济合作与发展组织（OECD）在回顾 19 世纪 80 年代以来，知识和技术在经济增长中所起的作用的基础上，发出一份题为“以知识为基础的经济”的报告，其中首次使用“以知识为基础的经济”，即知识经济。报告指出，“以知识为基础的经济”体现了人力资本和技术中的知识是经济发展的核心。知识经济是建立在知识的生产、分配和使用基础上的经济，而传统的农业经济和工业经济则是以土地、劳动力、资金和能源为基础的物质型经济。随着以知识经济和信息社会为代表的新经济时代的不断深入发展，社会的产业结构正在发生着巨变，企业的生存法则也随之而改变。以高新技术产业为主体的知识经济正日益广泛和深刻地影响经济增长方式、产业结构、市场结构、就业结构乃至人们的生活与社会文化的各个方面。知识的传播、创新和运用成为社会进步的主要动力。早在 19 世纪

70 年代，美国很多创新创业人才就看到知识经济的发展趋势。例如，1975 年比尔·盖茨与保罗·艾伦创办微软公司。1976 年 4 月 1 日，史蒂夫·乔布斯、斯蒂夫·沃兹尼亚克和罗·韦恩（Ron Wayne）三人创立苹果公司。1977 年，埃里森与同事罗伯特创立“软件开发实验室”（Software Development Labs），即著名的甲骨文公司，开启了数据库软件革命。21 世纪更是一个创新的时代，是一个创业的时代。信息瞬息万变，人类社会进入工业 4.0 时代、人工智能时代。在时代变革的大潮中，青年是主力，由美国百森商学院、英国伦敦商学院和多家知名学术机构共同完成的《全球创业观察报告》（Globe Entrepreneurship Monitor）调查显示，无论是在发达国家还是在发展中国家，青年都是最具创业活力和创业潜力的群体。因此，大学生是一个最具创造活力的群体，其新创企业会对上游和下游的其他企业产生影响，增强经济活力，满足建设创新型国家、调整产业结构的需要。在社会经济转型和社会深刻变迁的今天，大学生创业是时代经济发展的要求，大学生的创业教育应该纳入国家教育发展的战略当中。

同时，我们要看到目前我国高等教育已经进入“大众化教育阶段”。截至 2017 年 5 月 31 日，全国高等学校共计 2914 所，其中：普通高等学校 2631 所（含独立学院 265 所），成人高等学校 283 所。越来越多的学生拥有了接受高等教育的机会，入学人数的增加也使得每年的毕业生人数在不断攀升。2015 年全国教育统计数据显示，全日制在校生达 2816 万余人。[①] 据《国家教育事业发展“十三五”规划》，2015 年高等教育毛入学率达 40%，“十三五”期间要达到 50%。在为我国高等教育事业蓬勃发展感到欣喜的同时，我们不得不认识到，我们所面对的就业形势也极其严峻。针对如何推进大学毕业生就业创业工作，2017 年，《教育部关于做好 2017 届全国普通高等学校毕业生就业创业工作的通知》中明确指出要深入推进创新创业教育和自主创业工作。党的十八大报告指出：“鼓励多渠道多形式就业，促进创业带动就业。”大学生创业解决的不单单是大学生自己的就业问题，成功创业的企业也将为社会增加额外的就业岗位，鼓励大学生创业是解决当前中国就业问题的一个可行的方法。因此，在大学生中开展创业教育，培养学生的创业能力和创业精神，为学生的长远发展提供一种素养，以创业促就业是高等教育发展的当务之急。

基于此背景，社会对我国高等教育的人才培养模式也提出了新的要求，要求高等人才不仅拥有扎实的学科知识，还应该适应时代发展的需要，拥有创新和创业的能力，在时代变革的大潮中，为社会的发展增添动力和活力。

---

① 资料来源：教育部官网-规划司-2015 年教育统计数据-各级各类学历教育学生情况。

二 我国大学生创业教育的发展历程

1. 大学生创业教育政策探析

与美国等创业教育起步很早的国家相比，我国的创业教育发展较晚。1991年，我国作为联合国教科文组织“创业教育”项目的成员国，在基础教育阶段试点创业教育。由当时的国家教育委员会基础教育司组织北京、江苏、湖北、辽宁、河北、四川五省一市参加了联合国教科文亚太地区办组织的“提高青少年创业能力的教育改革合作项目”，进行创业教育研究和实验。当时，创业教育在中国6个省市、20个县乡和30多所学校的实验研究取得了一定的成绩，从理论与实践两个层面有力地推动了创业教育的开展。这项实验未能推广和坚持下去，因而没有成为全国教育改革的主流，但我国的创业教育发展并没有因初期实施的不畅而停滞。

1997年，中华人民共和国联合国教科文组织全国委员会与国家教育委员会职业教育所在西安举行了“小企业创业技能课程开发国际研讨会”。教育部也积极鼓励开展创业教育，并于1998年将开展创业精神教育列入相关文件。1999年在教育部发布的《面向21世纪教育振兴行动计划》中明确提出要“加强对教师和学生的创业教育，采取措施鼓励他们自主创办高新技术企业”。2001年2月，教育部印发的《关于中等职业学校德育课课程设置与教学安排的意见》提出开展创业教育。2007年10月，党的十七大报告明确提出“实施扩大就业的发展战略，促进以创业带动就业”，从政策上明确提出要以创业带动就业，把创业教育发展的重要性又提升到一个新的高度。

2010年，教育部印发《关于大力推进高等学校创新创业教育和大学生自主创业工作的意见》，指出“在高等学校开展创新创业教育，积极鼓励高校学生自主创业，是教育系统深入学习实践科学发展观，服务于创新型国家建设的重大战略举措；是深化高等教育教学改革，培养学生创新精神和实践能力的重要途径；是落实以创业带动就业，促进高校毕业生充分就业的重要措施”，并从“大力推进高等学校创新创业教育工作；加强创业基地建设，打造全方位创业支撑平台；进一步落实和完善大学生自主创业扶持政策，加强创业指导和服务工作；加强领导，形成推进高校创业教育和大学生自主创业的工作合力”等四个方面进行部署，有效推动了高校创新创业教育发展。

2012年，教育部印发了《普通本科学校创业教育教学基本要求（试行）》，指出，各地各高校要按照要求，结合本地本校实际，精心组织开展创业教育教学活动，增强创业教育的针对性和实效性。通过创业教育教学，使学生掌握创业的基础知识和基本理论，熟悉创业的基本流程和基本方法，了解创业的法律法规和相关政策，激发学生的创业意识，提高学生的社会责任感、创新精神和创业能力，促进学生创业就业和全面发展。并对创业教育的教学原则、教学内容、教学方法和教学组织等提出要求，把创业教育的发展提升到国家战略层面。

自 2014 年开始，教育部每年发布的关于全国普通高等学校毕业生就业的通知标题中加入“创业”，同时在通知中强调创业教育的重要性，并进行全面的部署，有效地推进了高校创业教育发展。

在 2014 年 9 月的夏季达沃斯论坛，李克强总理提出“大众创业，万众创新”的号召。2015 年政府工作报告中提出：“推动大众创业、万众创新，这既可以扩大就业、增加居民收入，又有利于促进社会纵向流动和公平正义。”

2015 年，国务院办公厅印发《关于深化高等学校创新创业教育改革的实施意见》，提出要“坚持创新引领创业、创业带动就业，主动适应经济发展新常态，以推进素质教育为主题，以提高人才培养质量为核心，以创新人才培养机制为重点，以完善条件和政策保障为支撑，促进高等教育与科技、经济、社会紧密结合，加快培养规模宏大、富有创新精神、勇于投身实践的创新创业人才队伍”。该文件的出台进一步引领了高校创业教育发展。

2. 高校创业教育实践概述

1998 年，清华大学在国内管理学院中率先为 MBA 开设了“创新与创业管理方向专业”，其中包括 8 门课程，即“创业管理”“创业投资”“新产品开发”“项目管理”“企业家精神与创新”“技术创新管理”“知识产权管理”“技术创新与制度创新”；同时，还为全校本科生开设了“高新技术创业管理”课程。1998 年，清华大学还组织了第一届清华大学大学生创业计划竞赛，并获得成功，拉开了我国实施创业教育的序幕。同年，清华大学还成立了创业研究中心，促进和推动我国创业教育的研究和发展。

2002 年，教育部高等教育司在北京召开了“创业教育试点工作座谈会”。会议指出“对大学生进行创业教育，培养具有创新精神和创造、创业能力的高素质人才是当前高等院校的重要任务”，“要加强创业教育所需师资的培养和训练，培养出一批骨干教师和学科带头人；加强对创业教育理论和实践的研究，产生一批高水平的研究成果，指导教育改革工作”。会后，确定了以清华大学、中国人民大学、北京航空航天大学、上海交通大学、武汉大学、西安交通大学、南京财经大学、西北工业大学、黑龙江大学这 9 所高校为大学生创业教育试点院校，给予这些高等院校政策和经费方面的支持，探索我国高校学生创业教育的发展模式，开展大学生创业教育。高校创业教育进入试点阶段后，这 9 所院校根据自身的条件探索适合自身发展的创业教育模式，分别建立了课堂式创业教育、实践式创业教育、综合式创业教育等三种典型的创业教育模式。

此后，国内的一些高校也开始积极开展创业教育。例如，黑龙江大学自 2002

年起开始实施全校范围内的创业教育，在总学分中设立创业教育必修学分8学分，将创业教育落实整合到学校人才培养的教学计划当中。从 2003 年起，武汉大学开始推出“三创”教育模式，即用“创造、创新、创业”的新教育理念指导教学实践，并随后制定了《武汉大学创业教育实施方案》，在课堂教学中渗透和实施创业教育，引进“创新学分制”，培养学生的创业精神和创业能力。2005 年，上海交通大学在学校开设了“大学生创业”“大学生创业心理辅导”“大学生就业与选择”等全校选修课，在全校范围内开展、落实创业教育。

随着开设创业教育高校数量的逐渐增多，我国创业教育发展开始呈现出迅猛发展之势。我国创业教育研究人员越来越多，创业教育的研究成果也逐渐丰富起来。以“创业教育”为搜索关键词进行中国知网搜索，可以清晰地看出我国创业教育研究的论文数量呈迅速上升的趋势。我国创业教育的研究可以大致分为三个阶段。2002 年以前，我国每年发表在期刊上的创业教育方面的研究论文数量较少，特别是在 1998 年以前，每年发表的数量还不足 10 篇，此时我国的创业教育的研究还处于萌芽阶段。2003～2009 年，我国创业教育研究开始受到重视，论文数量开始大量增加，从 2003 年的 151 篇增加到 2009 年的 977 篇，此时的创业教育研究处于起步阶段。自 2010 年以来，我国创业教育的研究论文发表数量又有了大幅度的提高，每年均在 1300 篇左右。关于大学生创业及创业教育的文章，2015 年达 2100 多篇，2016 年达 2200 多篇。我国对创业教育的研究呈现出快速发展的态势。

伴随着创业教育研究的发展，高校学生参与创业教育的人数逐渐增多，创业教育的覆盖面也越来越广泛，涵盖了高职高专生、本科生、硕士研究生、博士研究生等。在活动层面，有“挑战杯”“互联网+”创新创业大赛等创新创业大赛，助推学生参与其中。从事大学生创业教育的研究队伍也在不断地增加，各级政府和各大高校为大学生设立创业资金，建成创业实习或孵化基地。从学习模仿到自主探索再到自主创新创业，大多数高校都开设了创业教育课程。

3. 大学生创业教育支持环境情况

除了国家政策的支持之外，我国各类有关创业教育的各类会议、项目和研究计划也在我国大学生创业教育发展的过程中积极开展，为我国创业教育的发展提供了强有力的外部环境支撑。

1）创业教育会议

2003 年 9 月，南开大学国际商学院、南开大学 MBA 中心主办了“首届创业学暨企业家精神教育研讨会”。来自全国 50 余所院校的专家教授和成功企业家共计 80 多位围绕创业管理、企业成长、中小企业、企业家精神、创业教育等主题开展了深入研讨。2005 年 7 月，由清华大学经管学院、斯坦福大学、加州大学伯克利分校联合举办的创业教育亚洲会议在清华大学召开。来自世界各国 52 所大学的专家学者就创业教育在各地的发展状况、创业教育课程和案例、亚洲创业教育的挑战和合作、中国 MBA 创业教育等问题展开深入探讨。本次会议是 REE 会议历史上规模最大的一次，也是当时亚洲范围内唯一一个有着广泛国家和地区参加的以创业教育为主题的会议。该会议致力于推动亚洲的大学中的创业教育领域的相互交流和共同发展。2005 年 9 月，吉林大学主办了创新与创业国际学术会议（Innovation & Entrepreneurship International Conference）。来自美国、日本、澳大利亚和国内著名大学的 13 位著名管理学者就创新和创业的前沿问题和热点问题做了专题报告，并和与会代表进行了互动式的讨论。这次国际会议的举办对促进国内外同行之间的交流与合作，对提高国内管理学界在创新和创业领域的研究水平和国际地位具有积极意义。2006 年 8 月，联合国青年就业网络中国项目合作办公室年度总结会暨青年创业教育国际研讨会在中国青年政治学院（简称中青院）召开。相关国际组织、政府有关部门、国内外教育研究机构、青年就业服务组织的代表 70 余人参加了会议。来自中华全国青年联合会（简称全国青联）、国际劳工组织、试点高校的代表进行相关经验交流，并围绕教材修改、机制建设、能力建设等问题进行讨论。2007 年，中国高等教育学会分别在清华大学创业研究中心及成都西南交通大学召开了创新创业教育座谈会。本书就两次会议探讨的主要问题进行了综述，主要体现为六个方面：创新创业教育的内涵与界定；在中国加强大学生创新创业教育具有特殊的重要意义；要努力突破制约我国高校开展创新创业教育的“瓶颈”；实施以创新创业为导向的课程体系的改革；高校要建立起开展创新创业教育的平台；高校应该结合当地经济发展实际开展创新创业教育。2008 年 1 月，中国高校创业教育与创新创业人才培养模式研讨会在黑龙江大学举行。本次研讨会的主题是积极开展创业教育，培养创新创业人才，并就我国创新教育人才培养的方式和模式进行了探讨。自 2009 年开始，每年召开的由共青团中央、全国青联联合国际劳工组织主办 KAB 创业教育年会。KAB 创业教育项目着眼于人才培养，着力提高大学生创业就业能力，凸显共青团组织的社会动员能力，发挥共青团开展素质教育的特长，为促进青年就业、创业做出了积极的贡献。目前，还有各种大大小小的创新创业教育会议在全国各地召开，形成了良好的氛围。2017 年 6 月 25 日，首届中国高校创新创业教育联盟年会在郑州大学召开。来自全国 500 余所高校的 1700 多人参加此次会议，教育部副部长林蕙青出席大会开幕式并发表讲话。

2）创业教育项目

（1）创业教育骨干教师培训班

在高校创业教育试点初步取得成功之后，教育部开始筹备培训一批创业教育教师来进一步推动我国大学生创业教育的发展。2003 年，教育部在北京航空航天大学开办首期创业教育骨干教师培训班，培训班的课程紧紧围绕创业教育这一核心展开。目前教育部全国高校创业教育骨干教师培训班已经举办 10 余期，为全国近千所高校培训创业教育师资。

（2）中国青年创业国际计划

2003 年 11 月，中国青年创业国际计划（Youth Business China，YBC）在北京成立。该项目在共青团中央、全国青联、国家工商行政管理总局、劳动与社会保障部（现为人力资源和社会保障部）、国家统计局、中华全国工商业联合会、威尔士王子国际商业领袖论坛、英国驻华大使馆等机构的共同倡导下发起成立。该项目是瀛公益基金会旗下的扶持创业的教育性公益项目，参考总部在英国的“青年创业国际计划”扶助青年创业的模式，通过构建 YBC 公益创业体系，促进改善创业环境，动员社会各界特别是工商界的力量为青年创业提供咨询及资金、技术、网络支持，为缺乏条件启动创业和发展企业的创业青年提供专业化的公益帮扶，以帮助青年成功创业。

（3）“创办和改善你的企业”（SIYB）创业培训项目

2004 年，中华人民共和国劳动和社会保障部与国际劳工组织合作开发了中国的“创办和改善你的企业”（START & IMPROVE YOUR BUSINESS，SIYB）创业培训项目。该项目是由国际劳工组织提供技术支持，英国国际发展部和日本劳动厚生省提供资助的国际合作项目。

SIYB 中国项目引进全套的 SIYB 培训技术，引进 SIYB 培训体系中的 “产生你的企业想法”（GYB）、“创办你的企业”（SYB）、“改善你的企业”（IYB）和“扩大你的企业”（EYB）四种培训课程，并建立了一批专业化师资队伍。

（4）KAB 创业教育（中国）项目

2005 年 8 月，共青团中央、全国青联与国际劳工组织合作在中国开展 KAB 创业教育（中国）项目（简称“KAB 项目”）。这是共青团中央、全国青联通过国际合作推进中国创业教育发展的一项尝试，在吸收、借鉴国际经验的基础上，探索出一条具有中国特色的创业教育之路。KAB 创业教育项目目前已在全球 30 多个国家开展。其核心内容是国际劳工组织为培养大中学生的创业意识和创业能力而专门开发的课程体系，与已经在各国广泛实施的“创办和改善你的企业”项目（SIYB 项目）共同构成一个完整的创业培训体系。

2006 年春夏季学期，KAB 项目在清华大学、中国青年政治学院、北京航空航天大学、北京青年政治学院、天津工业大学、黑龙江大学 6 所试点院校中推行创业教育课程。该项目课程一般以选修课的形式在大学开展，学生通过选修该课程可以获得相应的学分。围绕该课程，学生还可以参加 KAB 创业俱乐部、创业大讲堂等课外实践活动。通过教授有关企业和创业的基本知识和技能，该项目帮助学生对创业树立全面认识和体验，切实提高其创业意识和创业能力，培养有创业和创新精神的青年人才。

(5)联合国教科文组织中国创业教育联盟

2014 年 11 月 26 日，联合国教科文组织中国创业教育联盟在中国杭州成立，联盟主席由浙江大学教育学院院长徐小洲担任。该联盟是联合国教科文组织亚太地区教育局根据“联合国教科文组织创业教育联盟”章程规定设立的，旨在加强与国际组织、国内外学校、文化机构、企业的交流与合作，共同打造中国创业教育合作平台，大力推动中国创业教育、创业群体的可持续发展，服务创业型社会的建设。联盟拟设四大行业板块（海归创业联合会、文化创业促进会、中国大学生创业促进会和创业学院），组织开展与国际组织、著名大学的合作与交流，举办创业与创业教育国际学术研讨会，开设创业大讲堂，开展国内创业沙龙、经验交流及公益性活动，组织国内外青少年创业创新夏令营、成人创业学习等创业教育活动，从而整合企业界、文化界和教育界的资源来推动创业经济和创业教育的发展。

(6)中国高校创新创业教育联盟

2015 年 6 月 11 日，中国高校创新创业教育联盟在清华大学正式成立。首批联盟成员单位包括清华大学、北京大学等 137 所高校和百度、阿里巴巴、腾讯、英特尔、微软等创新型企业及部分事业单位和社会团体。联盟在教育部的指导下，联合各成员单位共同研讨创新创业教育的理念、方法和体制机制，旨在打造一个共同平台，凝聚高校和社会各界力量，充分发挥高校的人才和智力优势，为全社会提供优质的创新创业教育资源，形成良好的创新创业教育生态，培养更多创新创业人才，为实施创新驱动发展战略做贡献。①

三 我国大学生创业教育的主要模式

1. 课堂型创业教育

课堂型的创业教育模式以中国人民大学为代表。中国人民大学的创业教育以学生的整体能力、素质提高为侧重点，将创业教育融入素质教育之中，强调创业教育“重在培养学生创业意识，构建创业所需知识结构，完善学生综合素质”，将第一课堂与第二课堂相结合来开展创业教育。

中国人民大学的第一课堂的创业教育主要是以公共选修课的形式呈现，通过调整教学计划，加大选修课的比例，开设“企业家精神”“风险投资”“创业管理”等创业教育系列课程，让学生根据自己的兴趣和特点选修适合的课程，以此通过第一课堂实施创业教育。第二课堂则主要是开展创业讲座，以及各种竞赛等社会

---

① 资料来源：中国高校创新创业教育联盟官网-联盟简介。

实践和社会公益活动，这些社会实践和社会公益活动通常以社团和项目为组织形式。近年来，中国人民大学第二课堂的活动也逐渐丰富起来，如“创业之星”大赛和学生创业园的建立。中国人民大学每年会从“创业之星”大赛中选取优胜的项目入驻学生创业园，并为入驻项目提供项目评估、政策咨询、项目融资和项目孵化等服务。此外，中国人民大学早在 2005 年就设立了留学人员创业园。该创业园由中国人民大学与中关村科技园区管理委员会共建，是全国首家以繁荣文化产业为主的大学科技园中的留学人员创业园，是中关村科技园区的重要组成部分。创业园本着“依靠优势学科，发展特色产业”的原则，利用优越的地理位置、优惠的园区政策，创造良好的孵化环境，吸引学有所成的留学人员回国创办企业，促进国外先进技术、管理经验与国内资源的有效结合，培养具有国际竞争力的优秀企业和复合型企业家，大力支持培育新的经济增长点及产业热点，努力使创业园成为人文社会科学成果的创新基地、产学研结合的示范基地、创新型人才聚集和培养基地及文化创意企业的孵化基地。

此外，武汉大学的“创新、创造、创业”（三创）教育也体现出课堂型创业教育的特点。武汉大学非常注重将创业教育渗透到课堂教学当中，明确要求教师结合每个专业的教学内容，培养学生的创业意识和创业精神，并建立“创新学分制”，积极引导学生进行创业。武汉大学还常年举办创业教育讲座、创业教育论坛等培训活动，充分发挥第二课堂的优势，构建创业教育实践体系。2009 年 4 月，武汉大学创办“大学生创意创业孵化器”，该项目面对湖北省所有大学生，鼓励有创业想法的大学生进行创业，并提供创业支持。2012 年 4 月，武汉大学成立了大学生创新创业基地，接纳大学生开展创新创业实践活动，进一步助推大学生素质能力的提升，激发大学生创新创业激情，把科教优势转化为现实的人才优势和创新优势，为建设创新型国家提供人才支撑。

2. 实践型创业教育

以提高学生的创业知识、创业技能为侧重点，依靠商业化运作，建立大学生创业园，通过搭建创业教育服务平台教授学生如何创业，并为学生创业提供资金资助及咨询服务。这种实践型创业教育是目前广泛存在于高校中的一种模式，如北京航空航天大学等本科院校及义乌工商职业技术学院等高职院校。

1）学生创业意识培养情况

学生创业意识的养成对于激发学生的创业热情和促使学生成功创办企业有非常大的作用。早在 2001 年秋季学期，北京航空航天大学在全校本科生中开设“科技创业”选修课来提高学生对创业教育的认识，以及对创业的关注度。“科技创业”的授课教师都具有企业管理经营经验，授课教师采用知识与实践相结合的授课方式，在传授创业知识的同时，侧重培养大学生的创业意识与创业能力。学生根据上课的内容和实践体验形成每节课的报告和作业，并在学期末提交一份具有可行性的创业方案。一旦方案被评估有实施价值，该创业方案就能够获得创业基金，启动创业项目。很多高校通过搭建创业平台、加强创业意识、提升创业技能，实现以创业带动就业的良性循环，很多高校邀请成功的企业家和创业校友为学生分享创业经验。这种互动式的交流可以让学生更加近距离地体验创业，了解创业，增强学生的创业感受。

2）创业实践情况

加强大学生创业教育实践是目前很多高校的具体做法。比如，北京航空航天大学主要通过组织创业大赛，并建立创业实践基地，为学生提供创业实践的场所，非常注重把学生的创业热情转化为创业实践，在创业实践中培养学生的创业能力。2002 年，北京航空航天大学组织了第一场“学生创业计划书竞赛”活动，将学生的创业理论知识和创业实践相结合，改变学生的传统就业观念，把“创业”也看作是学生未来职业生涯的一个重要的选择。2009 年 4 月 3 日，北京航空航天大学科技园“实习、实践、创业、就业”综合基地正式建立。基地可以将各类社会创业资源整合并引入高校，积极开拓实习就业渠道，并搭建实训平台，营造良好的创业环境，为在校学生积累工作经验、提高就业创业能力提供帮助，实现学校、企业、学生多方共赢。又如，义乌工商职业技术学院成立创业学院，建立创业园，建立农村电商、运营网点等 10 余个电商创业工作室，规划建设集中数字化仓库、创客空间，形成一个集教学、实训、销售、培训、仓储、物流为一体的综合性创业教育和实战平台。无论是创业计划大赛的组织，还是创业基地的建立，都为大学生创业教育提供了良好的实践途径。

3）科技成果产业化情况

科技成果产业化是高校服务社会的一条有效渠道。如何将实验室的研究成果转化到产业开发中去，也是高校要思考的一个命题。如果能将学生培养与科技成果产业化相结合，那么能产生更加深远的影响。以北京航空航天大学为例，北京航空航天大学成立创业孵化机构，在学生创业实践的基础上完成学生创业点子的成果转化，帮助学生实现真正的创业活动。

北京航空航天大学科技孵化器已发展成为融合培养、投资、服务、咨询等多项功能于一体的高科技创业的孵化基地。为了进一步促进创业企业的发展和科技成果的转化，北京航空航天大学科技园还成立了北京航空航天大学科技园创投种子资金。每年由北京航空航天大学科技园投入基金，为新创企业和大学生创业项目提供创业指导和资金支持，以解决新创企业在资金和管理方面的难题。如此一来，高校利用自身特色和优势为学生创业解决了资金、场地和管理方面的问题。

3. 综合型创业教育

综合型创业教育模式以上海交通大学为代表。上海交通大学作为教育部创业教育的试点高校，努力探索研究型大学的创业教育方法，建立了“一体两翼”的创业教育模式。即以创业学院为“主体”，以面上覆盖和点上突破为“两翼”，不断推动学校创业教育发展。在“一体两翼”的模式和框架下，上海交通大学的创业教育始终坚持“三个理念”。坚持以学生为中心，注重探究式、分享式、启发式、模拟式和体验式学习。重在激发学生的主动性，使学习成为他们的内生动力，以创业目标为指引，促使知识和实践一贯化，启迪他们的创造性思维。

1）一体——以创业学院为体，突破旧创业教育体制组织模式

上海交通大学高度重视大学生创新精神与创业能力的培养，以创业意识教育为核心，统筹全局，健全创业教育组织机构，于2010年6月建立“创业学院”。创业学院以全面、系统的创业素质教育为核心，构建完整的创业教育、训练、孵化链，并紧扣上海交通大学的办学宗旨，夯实面向整个学生群体的创业教育“第一课堂”和“第二课堂”体系，培育学生的创业精神和创业能力。此外，创业学院采用无形学院的方式，同时也是部分学生的“第二学院”。在新生入校后选拔有创业意向的学生，大学四年进行全面、系统的创业教育，以这些创业意愿强、创业热情高的群体为重点，实现对整个上海交通大学学生群体的强辐射。通过“创业学院”，实现创业意向学生、创业导师团、风险投资家等群体的有效集聚，推动更多有潜力的大学生成为未来企业家，更多的大学生创业项目变成现实企业。同时，以“创业学院”为支撑，在全校进一步构建完整的创业教育、训练和孵化链。

2）两翼——以“面上覆盖”为翼，全面开展创业教育工作

“面上覆盖”主要指把创业教育融入学校的专业教育当中，在通识教育中渗透创业教育的理念，面向全校学生开展创业教育，培养学生的创业意识和创业精神。上海交通大学主要通过两个方式来实现面上覆盖的创业教育。一是在全校开设创业教育的通识课，这些课程主要包括“创新与创业教育大讲堂”“小班化专题辅导”。其中，“创新与创业教育大讲堂”主要是邀请一些知名企业家对自己的创业经验进行分享，点燃学生的创业激情。“小班化专题辅导”则与“创新与创业教育大讲堂”不同，主要是将学生分成小班，由专门的教师对团队进行创业方面的辅导。小班专题辅导的课程包括企业家精神、团队拓展训练、市场机会、商业计划、盈利模式、创业融资等。二是在全校范围内举办创业计划大赛、创业沙龙等活动。学校举行的创业计划大赛具有针对性，对于本科生和研究生等不同层次的学生举行不同专业和不同类别的创业大赛、创业沙龙。学生在参加创业大赛的时候不仅能够经历公司的创建过程，还能学习到很多有关创业方面的知识，把所学习的理论知识用于实践来进行创业。

3）两翼——以“点上突破”为翼，重点培养创业人才

“点上突破”则主要强调对有创业热情和强烈创业意愿的学生进行有针对性的培训，着重对“种子选手”进行创业能力的培养，以造就未来的成功企业家。

上海交通大学采取开设创业领导力、风险投资与创业等核心模块课程，以及互联网产业模式转变与创业、医工结合与创业等体现上海交通大学学科优势的特色模块课程，提供学界和实业界结合的创业导师团指导、创业苗圃预孵化和部分资金支持等有力措施，培养部分有强烈创业意愿的同学成为大学生创业的“种子选手”，培育他们成为未来企业家。在突破探索中，“上海交通大学天使基金”，先后扶持指导200多个创业计划。学校的学生项目连续在“挑战杯”中国大学生创业计划竞赛摘金夺银，多次获得英特尔-伯克利全球技术创业挑战赛、美国全球企业家创业项目等国际重大赛事奖项。上海瑞一医药、应届生求职网等大学生创业企业蓬勃发展，创业典型不断涌现。有3名上海交通大学毕业生获得第二届上海市十大青年创业先锋称号。

4. 温州大学创业教育——传承温州创业精神

1）自下而上——以需求为导向的创业教育

温州是一个具有创业沃土的地区，是全国创业活动高度活跃的地区。良好的创业环境使温州大学的创业教育模式不同于大多数院校自上而下的推行模式。学生强烈的创业需求激发了温州创业教育的开展，形成了独特的自下而上而开展起来的创业教育模式。基于学生对创业知识的需求，温州大学美术与设计学院率先开设创业教育课程，商学院也在必选的选修课里开设了中小企业创业故事等课程。2002年，温州大学第一个创业工作室建立。工作室的建立让学生更多参与到真正创业的实践中，充分发挥了学生的专业优势，为市场和企业服务，实现创业创收。温州大学创业工作室的创办取得了很大的成功，也吸引越来越多的学生参与其中，并发展成一个大学生创业中心。

为了进一步探索创业教育发展的新方法，并满足温州大学学生创业的内在需求，2009年，温州大学还开设了各种“创业班”，如创业教育辅修专业班级和创业教育双专业、双学位班级。温州大学的“创业班”由温州大学创业人才培养学院负责教学和管理，但并不打破学院学科专业的班级建制。学员受原所在学院和创业学院的双重管理，学员在修读第一本科专业教学计划规定的课程同时，参加学校组织的专门培养计划，修满全部课程规定的学分后准予结业。创业教育辅修专业学制1年，颁发温州大学创业教育辅修证书；创业教育双专业、双学位班学制2年，颁发温州大学工商管理（创业管理方向）辅修双专业本科毕业证书。在此基础上，完成相应的创业管理方向毕业论文且符合学校学士学位授予条件的学生授予管理学学士学位。温州大学的“创业班”整合校内外优质创业教育资源，探索创业教育发展的新模式。

2）发扬温州创业精神——与地方特色紧密结合

温州大学创业教育的开展紧密结合市场，充分发挥温州特色。首先，温州大学注重利用温州人的创业精神指导、培育大学生的创业意识。例如，在课程设置方面，温州大学在多方面推进创业教育课程体系建设的同时，就注重把温州创业精神融入课程设计当中，主要开设创业类基础课程、具有温州地域特色的创业类课程和专业创业类课程三类课程。目前温州大学共开设了“风险管理”“温州模式与温州企业家精神”“企业管理”等 54 门全校性公共选修课创业教育模块课程。其次，温州大学注重利用温州人的创业经历，指导大学生的创业实践，提高其创业的成功率。温州大学的课程教育形式多种多样，包括系列讲座、实践教学、案例教学、企业调研、沙盘演练等。2004 年温州大学开始系统开设大学生职业生涯导航课，校团委举办了大学生科研创业项目立项，聘请创业指导师等。在创业指导师中，既有知名企业家，也有校友企业家，还有在校老师。同时，设立 100 万元的创新创业基金，用来奖励在创新创业方面取得突出成就的学生个人和团队。通过多种形式的创业教育活动，培育学生艰苦创业、敢于创新、创新创业、自主创业的精神。温州大学通过聘请当地成功企业家对学生进行创业经历分享，有助于把温州人特别能自主、特别能吃苦、特别能冒险、特别能创新、特别能合作的创业精神融入学生的创业教育当中，形成独具特色的温州创业教育模式。最后，温州大学的创业教育与市场紧密结合，充分利用温州的创业资源，为学生提供众多的实习和实践基地。目前，温州大学已经拥有包括红蜻蜓集团、奥康集团公司在内的 85 家公司作为温州大学岗位创业实践基地。此外温州大学还建立了大学生创业园，整合社会创业基金，形成红蜻蜓创业基金、大虎打火机创业基金、服装学院创业基金三项创业基金为学生创业实践提供实践平台和资金支持。

第二节　大学生创业教育存在的问题

一　大学生创业教育开展中的认识问题

1. 对大学生创业教育紧迫性和必要性的认识不足

创业教育并不仅是缓解大学生就业压力的权宜之计，也是高校人才培养模式的根本性变革，更是培养创新型人才和创业型人才的重要途径。大学生创业教育作为高校实施素质教育的有机组成部分，是创新就业教育的一种全新教育理念和教育模式，是对大学生进行创业意识、创业精神、创业能力等方面的通识教育，不仅要培养创业人才，更重要的是使大学生学会主动获取、创造新知识，并将知识转化为现实，实现知识的最大效用，促进大学生人生价值的最大实现。进入 21 世纪以来，社会经济逐渐向知识型经济和信息型经济转化，社会对人才的需求不只局限于少量的知识储备，社会需要具有创新型思维和创造力，且具有较高创业综合素质的人才。社会竞争制胜的关键是具有创业能力和开拓精神的创新型人才。联合国教科文组织 1999 年 4 月在汉城（今首尔）举行的第二届国际职业技术教育大会上，突出强调要加强创业教育，着重培养学生的创业能力。会议指出，为了适应 21 世纪新的挑战和变革，教育和培训必须加强培养学生的创业能力。由此看来，转变教育思想，改革人才培养模式，培养更具社会竞争力的创新型人才成为当务之急，这也是我国大力发展高校创业教育的要求，也是时代发展的要求。

然而，当前创业教育并未受到社会和众多高校的高度认可。受传统的就业教育观念的影响，社会上普遍认为在高校开展创业教育的意义和需求并不大。甚至在高校中不少教师也认为大学生在学校的主要任务是搞好学业，对大学生出外创业持反对态度，认为不应该鼓励大学生去创业，大学生应该在校认真学习文化知识，不能浪费学校的宝贵时间去创业。即使在每年高校毕业生就业压力十分严峻的形势下，仍然很少有高校对大学生的创业教育持乐观和积极支持的态度，只是将创业教育作为促进学生就业的一个补充性手段，没有认识到大学生创业教育是高校实施素质教育的有机组成部分，是一种全新的教育理念和教育模式。这些高校对实施大学生创业教育的紧迫性和必要性的认识都非常不足。

2. 高校开展创业教育的目标仍然模糊

很多高校对大学生创业教育不重视，对大学生创业教育的认识仅仅停留在表层上。这些高校认为开展创业教育只是为了解决大学生“就业难”的问题，或只是为了提高本校学生的毕业生就业率，把创业教育当作是枝节性、表层的教育环节，而没有认识到，创业教育是当前全球化背景下，我国高等教育走向国际化的必然趋势和重要标志，没有充分认识到创业教育的发展所带来的深层次的教育体制的根本性变革。思想是决定高校创业教育行动的根源因素，思想上的不重视就很容易导致高校对大学生创业实践的消极支持，把大学生创业教育的实施仅仅当作一个走过场的事情，而不去扎扎实实地在大学生中开展创业教育。很多高校还把创业教育作为就业指导的一种补充形式，并没有从深层次对大学生进行创业教育，对学生作为创业者的创业动机、创业的原动力和创业作用的认识培养不够全面，使创业教育在高校的教育体系中处于边缘化的地位。

高校开展创业教育目标模糊还表现在缺乏科学的创业理念上。相关职能部门和部分高校领导对创业教育的认识不到位，没有把创业教育当作一种新的教育理念，也没有把创业教育当作重要的就业政策来认识。对创新、创业教育与素质教育的含义及其相互关系的理解存在种种模糊的认识。在创业教育过程中，缺乏创业思维和创新精神的培育。在教学方法上，以教师为中心，教师讲学生听，没有立足于学生的学习能力培养，从而造成社会所需的具有良好的创业能力、鲜明个性和创造思维的创新人才严重不足。高校对如何开展创业教育等问题，还没有系统的理论研究，还需要进一步探索。

3. 大学生对创业教育认识还存在偏差

从学生层面来看，很多学生对创业和创业教育的认识有偏差。一些学生认为创业就是建立自己的企业或者公司，需要投入大量的资金和人力、物力，只有拥有这些资源才能够具备创业的条件，而忽视了通过利用自身的优势进行创业的可能性。还有些学生认为自己不会去创业，创业教育对自身的发展并没有任何的用处，理所当然地认为高校的创业教育也是可有可无的，而忽略了创业教育对其长远发展而可能产生的巨大影响。因此，学生的创业意识也非常的薄弱。据研究调查显示，很多学生在大一时有很大的创业热情，而到大四时创业热情则是大学四年中最低的。很多学生在面对创业过程中所要面临的困难和挫折时，往往选择退缩而缺乏敢于实践的勇气。在毕业之后往往会选择在公共事业单位、大企业和大公司就业，很少选择自主创业，甚至有不少大学生认为创业是不得已的情况下的无奈之举。

此外，由于创业教育没有在学校中普及，创业教育服务范围很小，接受创业教育的学生通常是各种创业大赛中比较拔尖和突出的少部分学生。这就导致大部分学生认为创业教育只是为这些创新能力强、成绩优异的学生开展的，自己没有能力或者精力去接受创业教育。这种认识是对创业教育培养目标的一种典型的误解。创业教育并非仅仅是简单地培养一个创业者或一个企业家，也并非为少数精英学生服务，而是旨在培养学生的创业意识、创业精神和创业技能的一种综合素质教育。创业教育更多的是一种能力教育、素质教育，应该普及开来，而不应该只为少数人服务。

二 大学生创业教育开展中的实施问题

1. 缺乏完整的课程体系

创业教育决不能脱离知识教育和专业教育而孤立地存在。高校创业教育的实施要通过开发一系列的创业教育课程，培养学生的创业精神和创业意识，成为增强学生创业能力的有效途径。创业教育课程并非局限于传统意义上的几门课程，而应该是一个系统的模块和多样化的内容，是创业教育理论和实践的糅合。在传统的课程体系之外，还应该为学生提供针对社会经验、人际技能、创造创新能力等能力培养方面的课程。然而，当前我国绝大多数高校的创业教育没有完整的体系，学生只能通过创业实务获得创业教育，创业教育课程体系中存在以下几方面的问题。

1）课程内容方面

当前我国高校创业教育课程内容有限且缺乏系统性和整体性。各高校并没有开展专门、系统的创业教育课程，在已经开设的大学生创业教育课程中选择的教材存在极大的局限性。在教材的选取方面，由于我国创业教育起步较晚，创业教育相关的教材十分欠缺。通常高校的创业教育教材直接使用国外的教材，缺乏符合中国国情并与中国创业环境相适应的权威教材。此外，有些教材只是简单地将一些与创业教育相关的创业案例进行整合汇编成书，书内容的逻辑性和系统性薄弱，理论分析不足，缺乏实际指导意义。而且，大学生创业能力、创业意识、创业素质并不能单单依靠几本教材、几门创业教育课程就能形成和培养出来，大学生这些创业素质的形成需调动教育体系的其他专业教育进行配合，课程的设置要围绕着培养学生的创业素质等综合素质展开，结合专业教育，使学生在学习专业课程知识的同时提高自身的综合素质。这些都是当前创业教育课程内容设置方面所欠缺的。

2）课程设置形式方面

我国高校创业教育课程设置多流于形式，培养目标和教育目标模糊。高校在教育实践过程中仅通过团委、学生工作部门、就业指导部门等相应的机构来落实创业教育课程，一般不设立专门的机构负责统筹全校的创业教育。学校通常会简单地设置一些创业方面的选修课，或者通过举办创业大赛、创业讲座，参加创业活动等来进行创业教育。有些高校管理人员甚至将创业教育等同于创业技巧与心理、创业政策与形势分析等方面的培训课程。这些教育形式大多利用学生的业余活动时间来进行创业教育，教育内容没有上升到理论指导，不能和学生的专业教育知识有机地融合在一起，使创业教育隔离于高校教育体系之外。由于创业教育没有受到高校的重视，很多学校的创业教育都不能在全校普及，而只是满足少数有需求的学生的需求，创业教育的精英化痕迹很明显，这与当前我国高等教育大众化的发展趋势是不相符的。

3）课程评价方面

运用科学手段对创业教育的过程与结果进行评价，是不断提高创业教育质量的必要环节，但我国目前关于创业教育评估的研究很少。目前，李国平等（2004）基于模糊综合评判方法，建立了大学生创新创业教育的质量评价指标体系，包括教师能力、教学环节和教学效果三大指标。借鉴国际劳工组织 KAB 创业教育项目质量控制体系，有学者开发了本土化的 KAB 创业教育项目质量控制体系，包括开课前的“学生创业知识测试”、开课中的“课后意见反馈表”、课程结束时的“课程培训绩效评价表”。但是这些创业教育评价方法的研究还处于起步阶段，创业教育课程评价指标的应用也微乎其微，我国高校创业教育依然缺乏衡量创业教育质量的较为全面的课程评价体系，创业教育的课程评价呈现出评价手段简单化、评价主体单一化、评价周期短期化等特点。目前我国创业教育课程主要是沿用传统的学科课程评价方法，注重学生对知识的掌握，而对学生创业意识、创业能力的形成却没有良好的评价方式，也忽视了创业教育效果的滞后性和创业活动的多样性。缺乏科学的课程评价体系不利于对高校学生创业教育实施效果的科学评估，从而无法得到有效的反馈信息，对我国创业教育的长期发展产生不利影响，同时也不能够很好地满足高校大学生的创业需求。

2. 创业教育实践中的问题

创业教育不同于传统的学科教育，它注重培养学生的创业意识、创业思维与创业能力。这些创业基本素质的养成单凭直接的课堂知识传授是远远不够的，还需要进行创业实践，让学生在实践中把所学的创业知识加以应用，从实践锻炼中形成创业能力。然而目前由于我国高校对创业教育存在理解误区及重视程度不足等原因，只有少数院校能够在给学生系统的创业知识训练的同时为学生提供创业教育实践的机会。目前我国创业教育理论教育与实践方面存在以下的问题。

1）创业教育实践类型单一

从我国高校创业教育的组织和发展情况来看，目前我国创业教育实践的类型单一，教学形式缺乏灵活性。目前我国高校开展创业教育的实践形式主要包括组织专家、企业名人为学生开展创业讲座，开展各种形式的创业大赛等。这些创业教育实践仍然只停留在创业教育实践的初级阶段，像北京航空航天大学等高校在学校内建立科技园、孵化器、种子基金，对学生优秀的创业计划进行孵化培养的做法在国内高校中仍十分少见。这样，也只有极少数的学生能够将创业进行到孵化阶段。学生在创业实践中真正达到成功创业、开办企业的阶段的则更是少之又少。我国高校创业教育单一的教学模式和较少的创业教育实践机会使得大部分学生不能够完整系统地接受创业教育，创业教育也变成了少数人的课外教育。由于学生缺少进行创业教育实践的平台，只能从书本和老师的讲授中获得关于创业教育的相关知识，仅仅完成了创业教育的理论学习，所以大部分学生并不能真正从创业教育中学到精华，掌握该有的本领，也很难达到在创业教育中得到实践锻炼的目的，创业能力的养成更是无从谈起。

2）创业教育的理论教育与实践相脱节

创业教育的理论教育与创业实践相脱节无外乎两种情况，即高校要么仅在学校搞理论教育而不进行创业实践活动，要么只重视直接进行创业活动，而不注重创业教育理论知识的传授。就目前我国创业教育理论与实践的衔接来看，我国创业教育的理论教育与实践教育的发展非常不均衡。目前，由于我国创业教育还处在起步阶段，各高校对创业教育理论教育的重视和投入程度要远远高于创业实践教育。然而，创业教育的特殊性又要求理论与实践相结合，实践教育的比重甚至应该高于理论教育。但就目前我国高校开展创业教育的现状来看，我国高校缺乏为学生提供的创业教育的实践平台，学生学习的创业课程均以创业基础知识和基本原理为主。学生缺乏合适的实践平台去验证自己在课堂上学习到的创业知识，更不能在实践中为创业教育理论的补充和完善做出实质性的反馈。学生缺乏相应的创业教育实践经验，也就很难掌握实战性的创业技巧和能力，缺乏一个从理论到实践、再到理论、再到实践这样一个循序渐进学习的过程。

3）创业教育实践效果不佳

由于我国高校当前的创业教育体系还不完善，创业实践的开展形式单一，大部分高校开展的创业教育停留于活动本身，没有达到预期的效果。以目前在高校内广泛开展的创业计划大赛为例，很大一部分学生参加创业计划大赛的动机并不是为了成功创业或是提升自己的创业素质和技能，而仅仅是为了获得一个奖项和荣誉，对自己未来毕业后实施创业并没有什么想法。在创业计划大赛结束后，创业也就在这些学生的职业生涯中画上了一个句号。对于那些有创业园的高校，创业实践的效果也并不是很理想。由于受到资金、人力方面的制约，创业园区只能吸收到很小一部分的学生在园区内进行创业实践。然而创业是一个漫长的过程，并不是一朝一夕就能够做成功的。创业需要长时间的投入才能看到效果。受到学生学制的影响，大部分学生在毕业后就放弃了自己的创业实践，很少能够继续坚持进行创业。这就导致创业园区里的新创企业流动速度很快，真正在创业园区中孵化出来的企业数量也就微乎其微了。

三 缺乏开展创业教育的资源

1. 缺乏专业的创业教育教师队伍

教师在高校创业教育的发展中无疑具有举足轻重的作用，创业教育教师水平的高低直接决定着高校创业教育是否能够顺利开展，并决定着能否达到预定的培养目标。实施创业教育的教师应该具有良好的创新创业思维和创业意识，同时还应该掌握丰富的创业知识与创业实践经验，这样才能够在理论与实践两个方面给予学生良好的指导和教学。因此，发展大学生创业教育的一个关键因素是要培养一支具有创新能力的专业化师资队伍，使从事创业教育的教师具有创新意识、创新能力、创新的思维和技能。

由于当前创业教育在高校中并没有普及，很多高校没有设置大学生创业教育专业，专门从事创业教育领域研究的教师少之又少。目前国内开展创业教育的院校，教师往往来自教学与行政岗位，在接受短期的相关知识培训与学习后便为学生授课，自身却没有相应的创业经历与实践经验。高校教师所选取的课程内容和授课方式与传统的专业教育相似，对学生的教学往往流于理论讲解，纯知识的讲授多于实践经验，将创业教育课程化和学术化。高校大学生创业教育对学生创业缺乏直接的指导意义，不能从深层次上激发学生的创业欲望和创业热情，对学生创业意识和能力的培养也无从谈起。缺乏专业的师资队伍是当前我国高校发展创业教育的一大短板。

我国高校出现专业创业教育师资队伍严重短缺的原因有很多方面。首先，我国创业教育起步较晚，目前还处于初期的发展阶段，整体的创业教育研究的理论还不成熟，相应的课程体系建设、专业教师队伍的建设也都需要一个较长的时期。其次，当前我国高校创业教育的课程并未真正融入高校教育体系当中，创业教育学科地位不高，大多以选修课的形式出现。在当前高校教师考评机制的引导下，教师没有动力从事创业教育教学与指导。最后，创业教育不同于传统的文化理论课程，创业教育不但需要充足的专业课背景，还需要教师有丰富的创业经历和实践经验，这是当前大部分高校教师所不具备的。开展创业教育对教师自身素质的高要求也是目前出现教师短缺的重要原因。

2. 缺乏充足的财力、物力支撑

由于目前我国创业教育发展还没有引起足够的重视，创业教育一直以边缘学科或领域的身份开展。与其他学科相比，学校乃至政府对创业教育的投入力度自然也就小了许多。由于受到资金条件等的限制，很多高校开展创业教育的教学条件和科研实验设施较差。对学生创新和创业基金方面，学校给予的支持非常有限。创业实践教育是创业教育不可或缺的一个部分，而大部分院校由于受到资金的限制，只能开展创业教育讲座、创业大赛等形式单一的创业教育活动。那些能带给学生更多实践价值的创业园区、创业孵化机构的建设的资金则是大多数学校财政预算中所空缺的部分。创业园区、创业孵化机构的建设需要大量的财力、人力、物力，在创业教育财政投入不足的情况下，创业教育实践基地的建设也就成了学校想为而不能为的一个现实。这也是目前我国高校创业教育只重视理论知识的传授，而忽视学生创业教育实践的一个重要原因。

资金的投入是大学生创业的一个重要的先决条件。虽然，大学生创业可以依靠自身的优势，如专业、先进科技等方面的优势进行小成本的创业。但是，创业仍然需要一定的启动资金，这对大部分没有稳定收入的大学生来说都是一个不小的难题，因此大部分学生也被挡在了创业的门槛之外。创业种子基金的建立和维持仍然需要高校或政府为资金注入活力，但目前我国创业教育财政投入不足，仅有小部分高校有能力为学生的创业园区成立创业项目孵化基金，创业的孵化基金的建立仍然是大部分高校一个遥不可及的目标。此外，创业教育经费的不足，也使得创业教育无法持续开展，这就导致高校创业教育的开展只能够在有额外资金支持时开展，而创业教育发展的长效机制则无法建立，创业教育的质量保障也就成了开展创业教育的一大难题。

目前，高校是我国开展创业教育的主要部门。从资源的投入方面来看，我国创业教育的投入也主要来源于教育部门。然而，创业教育的开展和实施的特殊性不仅需要整合高校内部资源，更需要调动政府、企业和社会等多方面的资源。目前，我国高校的社会资源的利用度并不高，甚至学校内部资源的整合度也不能够达到令人满意的程度。高校开展创业教育往往关起门来进行，很少有高校能够想到去利用政府资源。多数高校也不与企业合作以让企业为学生的创业教育服务，为学生提供创业实践所需的平台、资金、咨询和人脉等服务。我国开展创业教育的高校中，温州大学非常注重利用社会资源，发扬温州人的创业精神，并把这种精神融入学校开展的创业教育当中，从而探索出了与众不同的创业教育模式。然而，像温州大学这样把整个温州地区的社会资源调动起来服务于高校创业教育的例子并不多。我国高校开展创业教育在校内和校外资源整合方面还有很多工作要做。

四 缺乏开展大学生创业教育的环境

1. 缺乏政策环境支持

创业的自身特点决定了高校不能关起门来搞创业教育，创业教育的开展离不开高校、政府和社会等方面的支持。随着知识经济的发展和大学生毕业人口的逐渐增加，我国政府也越来越认识到创业教育的重要性，开始出台一些鼓励大学生创业和高校开展创业教育的政策，这些政策包括大学生可申请的一些小额无息贷款、大学生创业的税收优惠、高校对大学生的创业培训、创业指导等。在支持创业教育的政策方面，政府虽然出台了一些有利于学生创业的政策，并引导高校培养出一批创业教育的教师。但是由于这些政策衔接性较差，只能解决学生在创业中的局部问题。与创业教育开展较为成熟的国家相比，我国政府为创业教育发展所提供的政策支持依然十分有限。例如，高校创业教育教师的培养，为大学生创业教育理论知识的学习缓解了教师缺乏的压力，但是这些教师的培训仍然不能满足庞大的学生队伍对创业教育需求。此外，政府虽然在政策上开始鼓励开展创业教育，但目前对创业教育的财政投入不足，使得高校开展创业教育时缺少必要的资金，学校创业理论教育与创业实践教育的耦合效果也不能令人满意。此外，为大学生创业搭建融资平台、学校和企业相联系的相关机制等方面的工作做得仍然不足，政府还需进一步出台政策进行支持以促成我国高校创业教育运行所需的系统化的创效机制的建立。在高校支持创业教育的政策方面，我国高校对创业教育重要性的认识有所加强，各个高校也开始积极为大学生关于创业方面的基金和项目申报开始进行支持。但是这些高校和政府的支持政策衔接性不是很高，系统性差，并没有形成一个较为系统的大学生创业扶持体系。

除了在政府创业教育政策制定方面存在的不系统等问题之外，创业教育政策的落实也存在一些无法回避的问题。政府政策的落实力度不强也是一个亟待解决的问题。一项调查显示，仅有 5%的创业大学生非常了解政府部门及学校的创业帮扶政策。与此相对应的是，64%和 50%的被调查者希望政府放宽贷款政策和拓宽融资渠道，希望放宽企业审批及简化程序和加大税收优惠的占 45%和 41%，希望加大舆论支持的占 33%。83.3%的被调查者认为政府对创业政策的执行力度不够。资金短缺是大学生创业的最主要困难。在创业资金来源上，49%的大学生靠父母资助，37%的大学生靠朋友资助，13%的大学生靠银行贷款，仅有 2%的人靠政府支持。在访谈中，调查者也了解到，当创业大学生问及优惠事项时，大多数政府及相关机构工作人员表示不了解；在对政府机关的调研过程中，有工作人员表示政府几乎没有关于大学生创业的实质优惠。学生对创业政策的不了解，政府工作人员的失职，都使创业教育政策的真正落实成了一个问题。高校内部也存在类似问题，由于受到创业教育学科地位较低的影响，学校关于开展创业教育的观念并没有完全转变过来。在学校政策落实方面，高校的评价体系和激励导向仍然没有向创业教育方面进行倾斜。教师开展创业教育研究及创业教育实施方面的热情仍然不高，学生也因此而缺少接受创业教育的动力。

2. 缺乏家长和社会的支持

创业教育的开展并不是一朝一夕，以及单纯地依靠高校或者政府力量推动所能发展起来的。创业教育的发展需综合高校、学生、家长、政府、企业和社会等方面的力量才能真正形成合力。虽然创业教育在高校内已经开始开展，但是很多家长还是没有对创业形成一个正确的认知。在我国，很多家长希望自己的孩子在大学毕业后能够找到一份体面和稳定的工作。相较于家长心目中的“铁饭碗”，很多家长都不能够接受孩子进行创业，认为创业是一个最差的选择，只有当孩子无法就业时，创业才会成为少数人的选择。因为，创业的过程充满着艰辛和挑战，家长认为创业过程中有太多的不可确定的因素，创业所带来的风险及创业失败的后果是其孩子和家庭都不能够承担的。机会成本过高使大多数学生和家长更倾向于选择四平八稳的工作和生活，而不是充满风险的创业。根据 2005 年《全球创业观察中国报告》，高中及高中以下的创业者人数是大学水平的创业者人数的 23 倍多，这一问题将直接影响高校创业教育的实效。这种心态和选择是一种社会文化现象，需要长期的政策性支持和配套措施逐步矫正，才能形成支持创业、支持创业教育的社会心理。缺少家长对创业教育的支持，学生对参与创业教育的热情和从事创业的激情也大大受挫，非常不利于我国创业教育的开展。

除此之外，良好的社会环境的支撑能够为政府创业教育政策的完善、高校和企业间创业教育互动机制的建立及创业教育体系的构建起到良好的推动作用。然而，目前我国社会上对创业的不正确认知及传统的文化观念却影响着创业教育的开展。社会上一些人把创业当作一项简单的追求金钱的活动，不能让学生在在校期间就接受这种不良思想的影响，因此，不鼓励学生创业。受传统文化观念的影响，人们头脑中形成了“墨守成规、安于现状、顺其自然、害怕竞争”的思想，表现为“面向过去、迁就现实、顺从继承”的行为方式。这些长期积淀下来的思想观念和行为方式，影响着人们的思想和行动，形成了一种传统习惯，不利于创业教育的实施。受传统价值观的影响，大学生的创新意识和独创性都不强，缺乏进取精神。传统的中庸之道让大学生习惯于“随大流”，竞争意识薄弱，甚至把一些积极上进的行为看作是急功近利的表现而嗤之以鼻。社会不正常的评价方式也给创业教育的发展带来不利的影响。同时，我国当前的教育体制，过于重视文化知识的学习，忽视学生的动手操作能力和实践能力，导致学生的实践能力弱。这正与创业教育实施的特点相违背，也非常不利于大学生成功进行创业。社会对创业教育的支持的缺失也是创业教育发展中亟待解决的一个重要问题。

第三节　大学生创业教育的发展趋势

从目前发展趋势看，大学生创业教育主要存在以下几个发展趋势。

一　本土化趋势

我国的大学生创业教育从20世纪90年代中期开始至今已有约20年的历史。从最初的少数试点院校到目前大部分高校都设有创业教育课程，从最初的少数人了解到现在大部分人想要了解并积极学习，创业教育正以一种强劲的态势向各层次、各教育领域拓展延伸。同时，面对严峻的就业形势，为了缓解大学生的就业压力，国家陆续出台多项鼓励并支持大学生自主创业的优惠政策，各高校也开始逐步重视大学生创业教育。但受传统教育观念和创业教育“舶来品”因素的影响，我国大学生创业教育的实效性不佳。在2014年11月第三届（中国）天使投资与创业教育高峰会上，中国创业智库理事长、清华大学DMC创业项目核心专家赵廷忱透露，“创业先锋班”5期毕业生无一人创业，2012年经教育部批准设立创业相关院系的两所大学的毕业生也无一人选择自主创业，创业教育收效甚微。这种问题的出现主要是因为我国创业教育起步晚，对于创业教育的研究时间短，借鉴国外的创业教育成果较多，结合本土情况的研究较少，尚未找到一条符合我国国情和大学生实际需求的创业教育的模式和道路。鉴于此，如何实现大学生创业教育本土化和提升大学生创业教育实效性成为创业教育研究的重点。各高校依据自身实际，充分利用各自拥有的优势，积极探索与实践大学生创业教育本土化，并取得了一定的成绩。这其中主要以温州大学、江南大学和北京航空航天大学影响最大。

温州大学植根于温州这片“创业热土”，本着“求学问是，敢为人先”的校训精神，面对大学生创业教育出现的诸多问题，大胆转变思路，不断进行学校教学和人才培养模式改革，自 2002 年开始逐步走出一条具有浓郁温州特色、成效显著的大学生创业教育“温州模式”，初步实现了大学生创业教育由“舶来品”向本土化的转变。

作为首批 13 所“江苏省大学生创业教育示范校”之一的江南大学，本身是一所以轻工业为特色的教育部直属高校，又地处无锡，深受吴文化熏陶。为体现特色性，彰显示范性，突出文化性，江南大学在开展大学生创业教育过程中不断深化创业教育理念，创新人才培养模式，完善创业教育体系，充分发挥吴文化的育人优势，使江南大学的大学生在潜移默化中深受吴文化熏陶，接受并认同区域优秀创业文化，形成吴地特有的创业气质和素养，更使得江南大学创业教育在融合行业和地方特色的过程中逐步走出了一条江南大学创业教育的特色之路，为实现创业教育本土化做出有益尝试。

作为教育部九所创业教育试点高校之一的北京航空航天大学，拥有独特的创业氛围和区域优势，从最初的学习摸索到如今已成为我国创业教育知名院校。北京航空航天大学不断探索与实践创业教育本土化，走出了一条“培养体系-教学体系-实践体系”三位一体的具有自身特色的创业教育之路。

二 新技术应用趋势

当前，我国经济发展进入新常态，呈现出速度放缓、结构优化、动力转换的态势，亟须提升劳动者素质，优化劳动力结构，厚植创新驱动根基。人口结构深度变化，老龄化加快、全面二孩政策对教育的供给、布局和结构提出新的要求。我们要清醒看到，我国高等职业教育还不能很好适应这些新形势、新要求，结构不尽合理，质量有待提高，办学条件薄弱，体制机制不畅，人才培养特色不明显。高等职业教育急需从供给侧和需求侧两端深化教育改革，提高教育质量。高职院校应从“为谁培养人、培养什么人、怎样培养人”的根本性问题出发，以“创新、协调、绿色、开放、共享”五大发展理念为引领，以学生与社会需求为导向，深化人才培养模式改革。同时，我们也欣喜地看到新一轮的教育综合改革在推进，职业教育受到空前的重视，创新创业教育被推到前所未有的高度，这给予高职院校发展最好的契机。那么高职院校培养什么样的人，如何培养人呢？本书认为在

“大众创业、万众创新”和“互联网+”的时代背景下，在国家深化供给侧结构性改革的社会背景下，聚焦新技术应用创业型创新人才培养，必将成为我国高等教育的人才培养新方向和创新创业教育发展的新趋向。

新技术，一般是指在一定的时空范围内新近出现的，或是在原有技术基础上经过改进革新的技术。广而言之，新技术不仅包括各种新的工艺操作方法和新材料、新设备，还包括与之相关的新系统、新管理方式（彭敏，2005）。技术创新一般分为两个阶段。第一阶段是科技人员进行创新研发，形成新技术。第二阶段是进行技术转化，将新技术转化成新工艺或新产品（鄂甜，2015）。因此，新技术应用属于实现技术转化过程的第二个阶段，即将新技术转化成现实的新产品和现实的生产力的过程。新技术应用是高等职业教育类型特色的深化，并与创新型创业有着天然的亲和性。因此，提出新技术应用创业型创新人才的概念，目的在于通过新技术应用来培养创业型创新人才。新技术应用是高职院校开展创新创业教育的科学载体与手段，创新型创业人才培养蕴含在新技术应用的过程中。

以温州职业技术学院为例，学校以服务国家战略、服务区域发展为己任，坚持创新带动创业、创业促进就业，积极贯彻落实《国务院办公厅关于深化高等学校创新创业教育改革的实施意见》，探索创新创业教育体系，构建了新技术应用的创新创业人才培养模式。

一是以创业学院为载体。首先，建立校长直管创业教育的管理体系。成立创业学院，由校长直管、统筹全校的创新创业教育工作。创业学院实行理事会领导下的院长负责制，学校聘请校内外与创业学院发展有重大关联的相关组织机构负责人担任理事会成员，理事长由校长担任，副理事长分别由分管教学、科研、学生工作的副校长担任。创业学院集中学校创新创业的要素、资源和管理，形成统一领导、齐抓共管、全员参与、全校师生共同关心支持创新创业教育的良好态势。其次，完善创新创业顶层设计。将创新创业教育纳入人才培养方案，出台《关于进一步加强大学生创新创业工作的实施意见》《“新技术应用 2+1 创业实验班”人才培养方案》《大学生创业奖学金实施办法》等创新创业工作机制，细化学生创业管理规定，实行学分转换机制、弹性学制、保留学籍、休学创业等具体做法。最后，打造创新创业工场的校园形态。从传统教室到教学工厂再到创新创业工场，校园形态发生了根本性改变。学校建立创客咖啡吧、青年创新工场、公寓师生交流室等新型服务平台，通过新建或改造升级技术研创大楼创新创业集聚区、创新创业工作室、电商孵化园、“训研创”孵化基地，构建了一批有效满足学生创新创业需求，具有专业化服务能力，同时又具有低投入、便利化、全要素、开放式的示范性众创空间。

二是以创业教育为引领。首先，实施“2+1”人才培养方案。“2”是指学生在所属系完成前两年的专业课程学习。“1”是指学生在第三学年转入创业学院，进行为期一年的创业课程学习与创业实践。每个人均可根据个人兴趣从电气自动化、数控技术、鞋类设计与工艺、电子商务等4个“创新创业教育引领专业建设”试点专业中任意选择，从而制订个性化人才培养方案。学分主要由“实践导向创业课程”“新技术应用能力提升”“新技术应用转化”组成。其次，组建“多元化”的师资队伍。采用校内外聘用相结合的方式，组建了一支高素质、多元化的师资队伍。队伍由24位成功创业者、5位天使投资人、38位创业教育教师和152位技术专家构成。学校鼓励专业教师和思政辅导员前往企业一线兼职，深入了解企业整体运作方式，成为骨干创业导师。再次，设计“四对接”课程体系。学校分别为全体学生特别是有创业意愿的学生、已开展创业实践的学生构建了对接岗位、对接专业、对接产业、对接社会的“四对接”课程体系，设计了专业意识、前沿意识、市场意识“三个意识”的课程内容，开展了动手能力、创新能力、创业能力“三个能力”的实践教学。目前，学校开设通识性公共课程3门、专业课程5门、各类创新课程和实践活动课程10门。最后，打造“训研创”实践教学体系。在原有“实训+科研”的基础上，建立“实训+科研+创新创业”一体的实训室，打造“训研创”一体化的实践教学体系，将原来的“做中学”“探中学”向“做中创”“探中创”延伸。“做中创”，即通过真实的综合实践项目、毕业设计的应用型课题、高水平技能竞赛等形式，将创业教育由个别学生向全体学生转变。“探中创”，即以研创大楼为依托，研发机构为学生提供开放实验室、加工车间、产品设计辅导、供应链管理服务和创意思想碰撞交流的空间，积极培育创业服务的新业态和新模式。

三是以新技术应用为导向。首先，建设众创空间，助推项目孵化。2015年，学校成立了“温州产业科技众创空间”，重点在信息技术、智能创新、时尚设计和新材料等领域发现、培养、扶持在校创新创业项目，培养新技术应用的创新创业人才，孵化具有科技含量的小微企业。目前，全院已经成立“工业自动化”等22家创新创业工作室，成功孵化出群创网络科技有限公司、萝卜头工作室等40余家新技术应用型创业企业。例如，建筑工程系学生成立的温州万通生物科技股份有限公司，在空气净化领域处于技术领先地位。其次，依托研发平台，对接创业团队。学校以工科类专业为主，坚持“立地式”研发，服务温州企业特别是中小微企业的发展需求。全校共计41个省、市级技术研发服务平台，每个平台要求至少对接一个大学生创业团队，由此形成涵盖项目发掘、团队构建、投资对接、后续支撑的全过程孵化服务。创新创业团队获授权专利80项，师生授权专利22项。最后，“三师三生”模式，探索培养实践。为激发学生创业兴趣，学校摸索出一套“三师三生”的人才培养模式。师研生随，教师为主体，学生当助理，以教师的科研项目带动学生参与研发；师导生创，学生为主体，教师给予技术指导，以科研创新培养学生的创业意识；师生共创，建立学生与老师共同创业的机制，学生出人力、资金，负责运营等，老师负责核心技术开发，按股份制形式共同创业。例如，学校信息技术系的两位教师带领学生团队开发的项目——微信 39 度体育公众平台已成功孵化，目前已在温州、宁波等地运行。参与的三位学生还没毕业，就已是上海千相科技有限公司的小股东。再如，纽扣颜色自动分拣器、羽毛球重量自动分拣器这两个项目，也是两支学生创业团队在老师指导下研发的，实现了从产品到商品的跨越，分别创造了 36 万元和 20 万元的价值。

四是以社会资源为助力。首先，与地方政府合作。学校与温州市龙湾区人民政府、浙南科技城等单位联合共建温州市智能制造孵化器，成立大学城创新园、浙南科技城创业园。大学城创新园负责项目的培育和样机试制，项目初具规模后入驻科技城的创业园进行企业孵化、产业培育，最后入驻产业园、小微园实现产业化，为温州推进“中国制造 2025”战略的落实和加快智能制造产业的发展提供重要支撑。其次，与行业企业合作。学校主动对接行业企业需求，鼓励行业协会、企业参与创新创业教育。例如，与深圳市国智金融服务有限公司签订 500 万元创业种子基金合作协议，与温州瓷爵士科技股份有限公司共同组建规模为 400 万元的创业种子基金；与温州鹿城农村商业银行签订战略合作协议，为学生创业提供科技信贷。近期，新技术应用创新创业项目——废旧资源回收设备获塞尔维亚温州商会会长首轮风投 2000 万元，“创赢鸿国际贸易”获首轮风投 500 万元，“鑫创电子商务”和“微信 39 度体育公众平台”分别获首轮风投 100 万元，投资总额达 2700 万元。

三 “三全”趋势

随着高等教育改革逐步深入，我国高校创业教育的理论与实践也逐渐由星星之火发展成为燎原之势。适时推进大学生创业教育转型发展是推进创业教育内涵发展的必由之路，它呈现出全体、全过程、全方位的发展趋势。

（1）全体趋势。创业教育已经不是仅仅面向少数学生的教育，而是面向全体学生的素质教育。一个时期以来，高校开展创业教育，是出于毕业生就业压力大的现实困境，只是为了增强学生的就业技能。因此，创业教育的出发点也基本停留在培养学生就业、创业技能的层面，创业教育仅仅作为职业生涯规划课或者就业指导课的一个组成部分。这样的教育理念仅仅是一个“治标”的权宜之计，与素质教育的要求相去甚远，远不能涵盖创业教育的应有之义。开展大学生创业教育的目的并不是要大学生马上创业，而是意在大学生创业意识、创新精神的培养，培养其创业的能力、素质，培养其独立意识。2010 年《教育部关于大力推进高等学校创新创业教育和大学生自主创业工作的意见》进一步明确，开展创业教育，要以提升学生的社会责任感、创新精神、创业意识和创业能力为核心。培养学生的综合素质与发展潜能，首先要解决的问题就是要把创业教育的理念由技能型教育向素质型教育转变，把学生的创业素质培养融入人才培养理念中。“创业教育只针对有创业想法的学生，使其毕业后能直接创办企业”是当前创业教育中普遍存在的误区之一。其实，创业教育是对高校教育人才培养模式新的探讨。目前，大学生就业难，一个重要的原因就是高校的人才培养规格与市场需求吻合度不高。当前，企业作为市场经济的主体，需要更多更好的人才。但是很多高校一直以来还是按照计划经济的模式来培养人才，大学生的知识结构、能力素质难以适应企业发展的要求。因此，以培养创新精神、创业意识和创业能力为核心的创业教育，准确地把握了高校人才培养规格的新趋向，历史性地承担了高等教育人才培养模式改革的新任务。创业教育由面向个别学生向全体学生转型是对高等教育人才培养模式创新的积极回应，使每个学生接受创业教育，增强学生的创新与创业意识，使其具有敢于创新和勇于承担风险的精神。

（2）全过程趋势。当前，有些高校只是将创业教育作为教学主渠道以外的一个附属部分，往往是利用团学工系统举办类似于讲座、论坛、创业计划比赛等活动来推行创业教育，并没有将其纳入正统的人才培养计划和体系之中。即使现有的少数创业教育试点院校，其教学模式也往往局限于开设“创业管理”“KAB 创业教程”等选修课程，局限于知识的传授，没有给学生足够的实践机会与发展空间，没有真正做到与专业教育相结合。创业教育与专业教育本身就不是两个孤立的部分，而是一个不可分割的整体。高校在开展专业或学科教育的过程中，就应该将创新创业教育融入人才培养的全过程。比如，大一进行创新创业意识培养，这种培养是融入专业课程之中的，创业课程教育向课程创业教育转变，真正实现专业教育与创业教育融为一体；大二、大三进行创新创业能力培养，这个可以依托创新创业课程、经营管理能力课程、专业技术创业课程等，培养学生的专业创业能力；大四开展创业带动就业指导，引导有能力的学生开展自主创业实践活动。如此一来，真正实现了将创业教育融入专业教育、人才培养的全过程之中。

（3）全方位趋势。毫无疑问，高校是大学生创业教育的主导部门，但仅以教育资源为依托，不可能解决创业教育的所有问题，这是我们在开展创业教育的实践过程中得出的统一结论。其实，不仅在整个社会系统中，高校在创业教育中孤军奋战，即便是在高校内部，创业教育也远远没有形成合力。相当一部分学校从事创业教育的仅仅是学生管理或就业管理的人员，专业教学与研究群体的力量对此缺乏共识，更缺乏统一的行动。众多的校内机构也仍然游离于创业教育之外。既没有把校内的资源很好地整合于创业教育，又仅仅局限于校内的封闭资源，没有充分调动政府、企业、社会组织的参与，利用社会资源来弥补学校资源的不足。需要充分整合政府、社会资源用于创业教育，提升创业教育的水平与成效。一方面可以依托现在大力推进创新创业教育的大背景，将政府资源、社会资源整合到创业教育层面来；另外一方面可以从学生、教师、学校、社会、企业、行业等多个视角来推进创业教育，这也是目前创业教育发展的趋势。

四 向中小学延伸的趋势

21 世纪是经济全球化和知识经济的时代，开展创业教育已经成为全球各国的共识。目前在我国，创业教育在大学阶段的开展，随着这几年的大力推进已经取得初步成效，但是中小学的创业教育还在起步阶段。而根据人的发展与成长的规律，中小学阶段的教育很多时候能影响人的一生，故中小学的创新创业意识与精神的培养显得尤为关键，创业教育在中小学推进也已然成为必然的趋势。首先，创业是一个需要逐渐积累的过程。不可否认，大部分创业者是在成年之后才开始他的商业活动，但是他所需要的社会交往、创造性思考、逻辑运算等能力却是和他长期以来所接受的教育密不可分的。其次，由于教育效果的滞后性，仅仅在高等教育阶段推行创业教育的效果必然是有限的。一个人若是在之前十几年的生活中从来没有接触过创业，甚至是缺乏创新意识、畏惧就业、排斥创业的，那么不到十年的高等教育很难将其迅速转变为一个成功的创业者或从业者。现实的状况是由于中小学阶段普遍缺乏职业引导和规划，很多学生在进入高等学校之后对专业选择感到十分茫然。缺乏基本的职业观念和创业意识的他们只有盲目随大流选择专业，在学习的过程中又不能充分利用机会为未来的职业生涯做好准备。再次，不同阶段的教育对一个人的发展和最终成就起到了不同的作用。中小学阶段的教育具有基础性，教学内容以传授基本文化知识、培养公民的基本思想道德修养为中心，为学生升学和进入就业岗位做好铺垫。创业活动的特性、教育本身的特质及时代的要求决定了必须推进创业教育向中小学阶段普及，探索适合中小学生的创业教育模式，构建起贯通小学教育到高等教育的创业教育体系。

1. 我国中小学创业教育的探索

1989 年 11 月的“面向 21 世纪教育国际研讨会”和中国 1990 年参加的联合国教科文组织亚太地区“提高青少年创业能力的教育改革合作项目”推动了国内青少年创业教育试验的启动。1991 年，国家教育委员会（现为教育部）基础教育司组织发起，在北京、河北、辽宁、四川、湖北、江苏 6 省市启动了关于基础教育阶段实施创业就业教育的试点实验研究。2003 年 7 月，教育部基础教育司、教育发展研究中心、基础教育课程教材发展中心和一些教育机构共同启动了“基础教育阶段就业创业教育研究与实验”项目，从地方就业创业教育教材的研制与开发、新实验区学校校长培训与教师培训、课堂教学改革实验等方面入手进行试验。时任教育部部长周济在《今后进一步发展和改革农村教育的主要思路和措施》一文提出“继续深化农村中小学教育教学改革，推进农村中学开展创业教育，提高新增劳动力的就业能力职业技能，使农村学生适应未来多样化发展的需求”。在试验中，我国对推进中小学创业教育积累了一些值得推广的经验。

1）小学阶段创业教育的探索

将创业教育与小学课程活动进行整合，常见的途径有三种。一种借助语文、数学、艺术等学科课程，以企业家故事、创业活动为情境，强调发展学生的语言表达、数学运算、创造力。学科课程是培养创业必需的文化知识的平台，然而学科课程内容受到教材和教师素质的限制，可供发挥的余地有限，对小学生产生的作用也是间接的。一种和学校的课外活动结合，如将创新创业作为科技节、文化节、国旗下讲话的主题，亦可借助班会主题活动、综合实践活动、少先队活动。综合性的活动与创业教育整合的空间较大，可以明确地提出创业教育或职业规划的主题。且对校方和教师来说便利易行，对资金、场地和创业相关专业知识的要求较低。比较常见的课程组织方案包括收集、分享创业者的故事和走访身边的创业者、企业、创业园。教师充分运用讲故事、图片影音展示、地方创业者讲座、社会调查、角色扮演等形式启发学生的兴趣。有条件的学校还可以在校内或周边社区进行小型商业实践。实践经验表明，对小学生进行创业教育尤其需要开发地方特色资源，让他们从身边的例子中形成对创业的基本理解。小学阶段的创业启蒙活动通常不追求让小学生完成一个完整的项目设计和时间，主要在于让学生从媒介传递的间接印象到交流获得的他人的经验再到最直观的自身实践，形成对创业初步的感受。比如，2006 年杭州富阳富春第五小学创办了雏鹰环保回收公司，每个班级为一个分公司，全班同学都为职员。虽然跳过了“创立”部分，模拟企业运营的形式还是让学生获得了关于商业活动的切身感受。同时，这些公司不是为教创业而“创业”，而是巧妙借助成立和运营公司的形式把商业意识和服务他人、节俭、环保教育等内容结合在一起。随着创业教育的普及和越来越多的小学重视起个性化的教育，小学生创办公司的创意似乎也在被更多的师生接受。

2）中学阶段创业教育的探索

目前我国中等教育分为初中和高中两个阶段，我国中学阶段的创业教育起步较晚。1991 年，国家教育委员会牵头开展了基础教育阶段实施就业创业教育的实验探索，中学的创业教育才在小范围真正开始落实。作为 6 个实验区之一的江苏省，1994 年明确提出要在全省范围内“大面积开展创业教育”，并对基础教育、职业教育和成人教育领域中实施创业教育的具体要求做了规定。江苏省教育委员会还出台了“在中学进行 8 个课时专题教育”政策。当时创业实验中学之一的原北京市广渠门中学在初一和高一开设每周一节的专题创业教育课，总结经验编写了创业教育校本教材，创业教育培训、职业技能学习和实践还成为学校课外小组活动的内容（赵志军和张波，2010）。2003 年“基础教育阶段就业创业教育研究与实验”项目拉开了全面实施基础教育阶段创业教育的序幕。

我国中学创业教育的发展历程表明行政力量是推动中学创业教育课程和活动的有效外部力量。因为将创业课程和活动引入中学校园的先决条件是学校的课程体系有进行整合的余地，而中学的课程结构由有关教育部门以政策文本的形式规定。此外，国家和地方政府的政策文本还以倡导和规划的形式作用于学校和社会对中学创业教育的认识。在我国中学教育应试之风盛行和智育为主的背景下，政策对创业教育的定位无疑对社会舆论起到了至关重要的引导作用。再者，行政力量牵头组织的项目保证了推进中学创业教育的步骤有组织有计划，政府的认可和表彰可以激励学校积极开设创业课程和组织有关活动；政府有关部门的号召力和政令使中学集中投入人力物质进行创业教育所需的课程和教材研究与开发、师资培训。

过往的试验同时证明了在中国的初高中开设创业专题课是可行的，选修课程、校本课程和综合课程可以成为创业专题教育的良好载体。我国目前还没有较为完善的职业或创业课程体系，需要依靠学校根据自己的教学实践和地方资源进行开发。江苏省就是在试验经验的基础上委托地方企业合作开发创业教材。课外实践活动、共青团活动等实践活动亦可与创业培训与实践相结合。

2. 推进中小学创业教育成为国际共识

放眼国际，发达国家在构建从小学到大学的创业教育体系方面拥有许多成功经验。1998 年，联合国教科文组织召开首届世界高等教育会议，呼吁大学生应当成为岗位的创造者。高等教育改革的呼声带动了中小学教育工作者对学生培养目标的反思。2000 年以来，欧盟对创业教育投入了越来越多的关注。在 2000 年 10 月召开的“促进创业教育”论坛上，欧盟提出中小学创业教育是为了实现以下四个目标：鼓励学生们提升解决问题的能力，规划、决策、沟通能力和责任意识是管理能力的重要组成；促进学生们提升合作、承担新任务等社会能力；培养学生的自信、独立思考能力和反向思维能力，激发他们实现个人才干、进行自主学习；是鼓励学生们提升与创业者素质有关的主观能动性、创造性、前瞻能力及应对风险的准备（马良，2009）。2006 年欧盟召开“欧洲创业教育：通过教育和培训培育创业思维”国际研讨会，主张推进中小学和高校创业。欧盟各国意识到创新创业是一项需要从小培养的关键能力。由于人的文化意识态度从小就开始发展，因此学校教育应当及早参与到培养学生创新创业意识和能力中去。2009 年世界经济论坛的创业教育全球会议报告《培养下一代创业者》（*Educating the Next Wave of Entrepreneurs*）同样表达了对中小学阶段创业教育的支持，主张越早开展创业教育越有利于学生的创业精神和创业技能的培养。在美国，就业和创业课程与活动普遍深入小学、中学和大学的课堂教学和课外活动；英国、法国、爱尔兰也在校内外组织了许多活动；瑞典、挪威、澳大利亚等国家把职业和创业教育作为国家教育体系的组成；战后的日本教育一直有就业导向的传统。

3. 国外中小学阶段的创业教育实践探索

1）国外小学创业教育的实践

各国开展小学创业教育的情况各不相同，面向小学生的创业教育从美国起步。美国通过一系列指导纲要明确了对儿童进行创业有关教育的目标和具体标准。在创业教育的内容上体现出了如下特征。一是把培养自我服务技能作为创业能力的基础。二是把发展自我意识作为职业能力的基础。早在 1989 年，美国国家职业信息协调委员会就颁布了《国家职业发展指导方针》（*National Career Development Guidelines*），其中小学部分独立成篇。该指导方针倡导职业生涯规划教育要从孩子 6 岁时开始，对小学生在自我意识、教育与职业探索、职业规划三个方面提出了 12 种能力要求。三是有意识地强化儿童对基本经济概念的认识，通过基础经济教育发展儿童接受复杂职业创业教育认知基础。1995 年美国经济学教育委员会（National Council on Economic Education）发布了《讲授基本经济学概念大纲：范围和顺序指导，K-12》（*A Framework for Teaching Basic Economic Concepts with Scope and Sequence Guidelines*，K-12），明确列出 K-12 阶段儿童需要掌握的主要经济学概念，包括“稀缺和选择”“机会成本和衡量取舍”“生产率”等（郭青青，2010）。四是在模拟情景中开发创新意识和创业兴趣。例如，学校可能要求学生独自“开发”一个产品、完成注册、制作广告、进行班级演说展示，学生可以用自己“研发”的巧克力、饰品、玩具来模拟这一系列的“创业”过程。英国的社会组织在儿童创业教育方面发挥了独特的作用。华尔特·萨尔曼（Sir Walter Salomon）于 1962 年在英格兰成立了青年企业家组织，期望以此帮助青少年做好就业的准备，激发他们的创业潜能，培养他们的金融素养。每年约有 250 000 青少年通过青年企业家学到关于商业和工作的有关信息，该组织拥有来自超过 3500 所公司的 5000 余名志愿者。英联邦之一的苏格兰也在兴起对小学生创业教育的关注，政府的财政支持和民间的捐款促进了小学生创业教育的持续发展，每个学生都可以在 12 岁前获得至少两次在企业见习的机会。芬兰则一是鼓励儿童尽早学习技术，二是利用企业和非政府组织创新教育形式，如“我和我的城市”（Me & My City）项目自 2009 年启动以来凭借其创新型和可操作性取得了世界教育界的认可。2014 年 11 月，“我和我的城市”项目获得了“欧洲企业推广奖”和“世界教育创新峰会奖”。

2）国外小学创业教育的特征

上述国家在为小学生提供创业教育时有一些相似的特征。教育观念方面：

①重视对小学生的职业意识和能力的培养，把小学阶段的职业教育作为整个人生职业道路的起点。②体现了“做中学”的观念，普遍采用了项目模拟、现场体验等形式，符合了小学阶段学习者抽象认知能力不发达、动手操作的兴趣较强的特点。教育者和组织者积极鼓励小学生尝试设计产品、推销和经营产品，以此培养学生对财务的规划和运用能力，深化对与人交往、创办事业的流程与条件的认识。这些体验拓宽了小学生的职业认知范围，让他们在理解职业选择时增加了创业这一内容，避免了从小把“就业”的含义狭隘化。当然学生未来未必选择创业，但从小锻炼的综合能力也增加了他们的其他就业选择。③老师、家长和组织者秉持着“尊重儿童的创造和成果”的意识。小学生的“创业”成果不可能像成人的一样知识、技术含量高。老师布置的“产品研发”作业基本只以“不购买、自己想、自己做”为要求，模拟实践环境也往往轻松愉快。儿童的创造力离不开自信，需要成人的尊重。

活动组织层面：①政策保证。国家层面的政策文件为小学的创业教育提供了法律保障和指导纲领。学校和企业组织也在课程计划、合作条约等文件中明确了职业和创业教育活动的合理地位。②政府、学校、企业和社会组织与个人多元参与，学校、企业和社会组织在进行课程建设和发起实践活动有很大的自主性。一些由个人发起的活动，之后也获得了学校、政府有关部门的政策和资金支持。

具体实施方面：将创业教育整合进现有的学校课程体系，在语言、数学等知识传授的课程中渗透商业价值和技能的培养，或在原有的职业课程中独立出创业这一块。在与学校课程整合的过程中，组织者往往强调运用小组合作、项目学习、展示演说的方式，为的是培养小学生的协作精神、自信、创造力和表达能力。另一种常见的模式是让小学生在课外活动中经历模拟的职业、创业体验。这就很大程度上依靠家庭、企业与社会团体的支持。

3）国外中学创业教育的实践

中学教育在纵向上可以简单地分为初中和高中两个阶段，教育对象一般是十二三岁到十七八岁的青少年。

在中学阶段，美国学生就显示出了高涨的创业热情。完善的政策体系支持和社会组织参与构成了美国独具特色又丰富多彩的青少年创业教育图景。2004 年 6 月，美国创业教育联盟制定了中小学《全国创业教育内容标准》，涵盖了创业技能、基本商业知识和技能、商业技能三个部分十五项标准。目前已经在全美范围内实行，有力地促进了 K-12 阶段创业教育的规范化。社会组织参与青少年创业教育活动设计组织的惯例在美国由来已久。1919 年，美国商人成立了一个致力于帮助青少年获得更多商业实践经验的非营利组织，名为青少年成就项目（JA）。目前它已经成为全球最大、运营最成功的商业教育非营利组织之一。全美创业教育网络（Network for Teaching Entrepreneurship，NFTE）与学校、社区合作面向 7～

12 岁的低收入家庭少年、边缘青少年提供商业、学业、技术的课程，项目的目标是使学生能够创办、运作自己的商业项目或者加入工作坊，并学会必要的展示演说、领导组织、问题解决等能力。

21 世纪以来，澳大利亚逐渐重视起中小学的创业教育。2004 年澳大利亚教育、科学和培训部（Department of Education Science and Training，DES）与有关机构合作完成了《澳大利亚中小学创业教育革新方法和最佳实践行动研究报告》，还出版了《中学的创业教育》指导中学创业教育的实施和推广当前较为成功的中学创业教育案例（徐小洲，2010）。在普通中学和职业中学，澳大利亚的创业教育都体现出了以行动为导向的特点（Frank et al.，2005）。有学者提出，即便是以项目学习为主要形式，对中学生的创业教育也要尽力避免使教育意义迷失在行动中，成为单纯的为做而教，要激发学生在行动体验中进行思考和创造。澳大利亚中学的创业教育项目着重培养学生的创业价值观和创业态度，激发学生关注周边问题，锻炼其努力寻求解决问题的精神和技能，为其以后进入社会做好知识、心理、身体上的准备。

丹麦的创业基金-青年企业（FFE-YE）2010～2013 项目着力支持包括中小学在内的学校创业教育。2005 年，英国政府发起了一项中学生创业计划，要求所有 12～18 岁的中学生必须参与两周的商业培训。根据这项计划，全英所有中学将在暑期为学生设置商业课程，教学内容包括制定商业计划书和与知名企业家交流等。比利时、德国、瑞士等国在近年都出台了专门的项目或计划以资助在中学开展创业教育。

4）国外中学创业教育的特征

在目标层面，上述国家的创业教育兼顾提升青年的创新创业能力、学习表现与心理发展。创业课程体系一般包括职业规划、商业营销、财务管理、法务课程，在理论学习之外学生还有实践体验的机会，为学生打下进入劳动力市场的基础。创业教育传达给学生的坚持奋斗、创造性解决问题等精神，锻炼了语言表达、计算等技能以反哺传统的教学。许多国家把对中学生的创业教育单纯与培养负责任的公民的基础工作结合在一起的。学生在活动中逐渐认识到创业是一种寻得自己在社会上的位置、认识和解决社会问题的方式。

在环境层面，国际组织、政府、企业、学校共同努力、各司其职为中学的创业教育提供了充足的资源和较好的社会环境。联合国教科文组织、欧盟等国际组织的宣传和项目强化了欧美各国政府对创业教育的重视。国家通过发布报告、制定法律规范、进行教育改革等形式自上而下地建构了一个官方话语基调和稳定的项目体系。对学生而言，社会公益团体和企业提供的见习实习岗位、组织的创业模拟比赛补充了中学生实践机会不足的缺憾，提升了创业学习的应用性和趣味性。对学校而言，这些团体还有效地帮助教师和管理者学习有关创业知识、组织创业活动等。

在过程环节层面，国外中学创业教育的推进表现出连贯性特征。在前期，政府或有关组织发布的职业教育和创业教育指导纲已明确规定了中学教育活动的目标，对中学生应当具备的能力及具体标准做出了详细的解释。这些前置的规定为教育者提供了方向指导。在末期，很多创业教育项目十分注重后期的效果评价，组织方会发布报告汇报进展、分析效果、总结经验。这些官方或非官方的报告为下一阶段或其他的创业活动提供了及时的信息反馈，有助于它们有针对性地进行调整优化。课程和活动具有明确的指向性，适应了不同阶段学生的特征。

“纸上得来终觉浅”，在多种多样的创业教育形式中，上述国家的项目不约而同地采取了行动导向——知识培训落实在实践，又以实践促进参与者对自身的反思提高。将建构专门的师资队伍作为课程整合和活动组织的基础。为了能有效地指导学生进行创业教育活动，教师被要求亲身体验创业教育有关内容，或者到企业和专门的组织进行课程培训。

第三章 借鉴区域创业精神助推大学生创业教育

区域创业精神作为地区创业文化的重要内容，凝聚着区域人民的创业智慧，折射出区域人民的创业历程，反映了当时当地人民的创业实践精神风貌，是区域人民在长期创业实践中不断提炼与升华的产物，是各地区重要的精神财富。因此，积极发掘区域创业精神内涵，大力弘扬各地区独具特色的创业精神，培育区域人民的创业精神，充分发挥区域创业精神在经济发展、人才培养等方面的重要作用就显得尤为重要。然而，由于认识上的局限性，我国对于区域创业精神的研究尚处于开发期，仍需要在继承传统典型创业精神的基础上，不断开拓创新，加入时代元素，创造出符合时代要求的新时期区域创业精神，将区域创业精神的价值最大化。同时，创业教育作为一种新的教育理念和育人模式，在欧美等地区发展较为成熟，所产生的实际社会效益良好，成为带动其国内就业新的增长点，形成了独具特色的创业文化和创业精神。创业教育旨在培养具有创业意识、创业精神和创业能力的创业型人才，其中创业精神的培育至关重要。新时期，充分发挥区域创业精神在区域文化引领中的重要作用，不断培育人们的创业意识和创业精神，逐步转变人们的传统就业、择业观念，形成浓郁的创业文化氛围，并以此为契机，发掘其与高校创业教育的融合点，推进大学生创业教育显得尤为关键。

第一节　开展区域创业精神教育的必要性与重要性

创业活动总是发生在一定的区域范围中，总是有来自某个区域的人参与的，所以不可避免地受到某种区域文化的影响。具体来说，创业精神实际上是对某一地区价值观的反映，一个地区的企业家在创业过程中所表现的精神特质是其本身所受的教育、风土人情的耳濡目染、周边人物行事风格等要素综合的产物。区域文化特质对该地区企业家的创业风格有着深刻的影响，使得地区创业精神表现出了其特有的区域文化特征。

区域创业精神作为地区创业实践的精神内核，是区域文化在创业领域最集中的体现，反映地区人民在创业实践过程中所展现出来的精神状态和心理变化过程。重视区域创业精神对大学生创业教育的作用，积极弘扬区域创业精神，发掘区域创业精神的深层次内涵，这对于丰富创业教育理论，拓宽创业教育研究视角，推动地区经济社会和高等教育的发展，缓解地区就业紧张局面具有重要的理论和现实意义。

一 影响地方经济文化发展

区域创业精神是一个地方的文化传承与创新，是一个地方的文化的沉淀，是人们的价值取向与生活方式。把区域创业精神进行提炼，一是能促进当地的文化发展。地方文化是人们在长期的生活中形成的，但是如果没有及时地提炼，就容易被淹没在历史的长河中。进一步理清当地的文化及其渊源，并用现代化的手段展现给当代人，这也是对传统文化的一种继承与发展，能进一步促进当地文化的发展。当然区域创业精神提炼后，更加重要的一个环节就是要把它传承下去，那就需要区域创业精神教育。教育是潜移默化的长远之计，只有通过教育才能更好地传承区域创业精神。二是促进当地的经济发展。既然是区域创业精神，那它就是一部创业史书，无论是在历史上还是在当代对当地的经济发展都做出了积极的贡献。通过对区域创业精神的教育，让当地人们对当地的创业精神有了更加深入的认识，能在日常工作生活中充分运用，这对当地经济发展是非常有益的。三是促进当地人们的认同感。文化与精神的认同感非常关键。文化的认同感有时候的力量是无限的，一个地方、一个地区对一种文化认同了，就能哺育出一代人才。比如，温州人对自己的文化有相当高的认同感，也为自己身为温州人而骄傲，这样才创造出了“温州模式”。区域创业精神教育在一定程度上促进了区域经济文化社会的发展。

二 拓宽创业教育研究视角

相比于欧美发达国家，我国创业教育仍处于起步阶段，对于创业教育理论的研究也大都停留在对已有理论层面的再扩展，注重“引进来”，却难有“走出去”的成果。大学生创业教育理论的“舶来品”形象使得创业教育的实效性很难符合人们心中的本来预想。创业教育本土化研究不足，导致在具体的创业实践过程中容易偏离地区实际，陷入盲目扎堆的状态，缺乏地区特色，创新能力不足。创业精神是创业教育在精神领域的集中展现，是创业教育的重要组成部分。区域创业精神从创业精神的本土化出发，将创业精神从理论层面引入具体的创业实践过程，反映特定地区不同人群的创业心理状态，展现他们的创业路程，能够为创业教育提供鲜活的创业实例，增加创业教育的可信度，融合历史与现实、理论与实践，使得创业教育更加贴近群众和生活，更易为人们所接受。同时，区域创业精神将大学生创业教育的研究视角从国外转向国内，从普遍意义上的理论说教转向独具特色的感同身受，使得创业教育更具有现实说服力，其研究领域也更加宽泛，更加切合地区实际需要。

三 丰富精神文明内涵

邓小平提出“两手抓，两手都要硬”，要求把精神文明建设摆到与物质文明建设同等的地位。精神文明主要是指人们改造主观世界的社会精神生活的积极成果的总和。创业精神与精神文明同属意识层面，创业精神是精神文明的题中之义，能够反映出精神文明在现实生活中的具体要求。而区域创业精神是地区人们精神财富长期积淀的结果，是人们精神领域最宝贵的财富。重视区域创业精神研究，发掘区域创业精神的时代要义，对于丰富精神文明内涵具有重要的作用。同时，精神文明建设与物质文明建设相辅相成，精神文明建设能够为物质文明建设提供强大的智力支持和精神动力。而创业精神，特别是区域创业精神都是各地区人民在长期的社会实践过程中提炼升华出来的智慧结晶，激励着人们进行各种各样的创业实践。“根据对世界经济发展历史的考证，世界上经济发达的国家大都是创业精神强劲的典范。”“在 20 世纪 70 年代，美国风险资本投资每年只有 5000 万至 1 亿美元，现在上升到了 120 亿美元。”（林泽炎，2012）创业精神可以成为地区经济持续而强劲发展的原动力，缺少创业精神的地区很难在竞争日趋激烈的市场上获得长久发展。因此，将弘扬区域创业精神提高到促进区域经济发展的高度上，从而有助于创业精神获得更多重视，得到大力弘扬。

四 促进大学生创业能力提升

随着我国高校的不断扩招，高校毕业生数量连年增长，市场需求的日益饱和与有就业需求的人数连年增长的矛盾不断升级。高校作为人才输出的主阵地，在输出人才的同时也承担着为社会解决就业问题的责任。开展创业教育，培养大学生的创业意识，培育大学生的创业精神，造就创业型人才，不仅能解决就业压力，更能创造出更多的岗位。区域创业精神是大学生创业教育的本真追求，大学生创业教育的本土化需要区域创业精神，以具有地区特色和人文气息的创业典型案例，激发学生敢想敢干的勇气，鼓励大学生自主创业，在新的领域和行业艰苦创业，不断地进行创业实践，学会自我发展，促使学生能够由被动接受就业转向主动就业或自主创业，由就业者转向创业者，带动更多人实现就业。同时区域创业精神能够给人带去精神慰藉，有助于学生在面对就业压力或创业实践的困难与挫折时，敢于直面困难，始终保持积极乐观、昂扬自信的心态，不断提高大学生创业教育的实效性。

纵观区域创业精神的形成与发展的历程，探究区域创业精神的实质意义，有助于我们更好地将区域创业精神与大学生创业教育融会贯通。同时，对区域创业精神宏观意义上的认识与理解，也有助于我们进一步从微观层次上发掘区域创业精神对大学生创业教育的具体作用。

第二节　区域创业精神对大学生创业教育的作用

创业精神不仅是大学生创业教育的重要组成部分，更是创业教育成功与否的关键。区域创业精神从地区角度出发，发掘有助于本区域创业教育的资源，拓宽了创业教育的研究视角，是对创业教育的重新定位。目前我国大学生创业教育的实践效果不佳，其中一个很重要的原因就在于，传统的理论说教无法引起学生的足够重视，使学生的创业意识、创业实践存在欠缺。同时，缺乏区域特色的创业教育也很难与学生产生心理共鸣，无法激起学生的创业热情，培育出积极主动的创业意识和创业精神。区域创业精神作为地区人们在长期的创业实践过程所提炼出来的精神财富，不仅被广大的人民群众所熟知和传颂，而且还有着大量的创业实践成功案例，能够使学生产生心理认同感，具有较强的现实说服力。因此，将区域创业精神纳入创业教育的核心区，以区域创业精神引领创业教育走向更高层次就显得非常重要。具体而言，区域创业精神对大学生创业教育的重要性主要体现在其对大学生创业教育的重要作用上。一般而言，作用的基本解释是对事物产生的影响、效果，衍生解释为有作为、努力、用意、施行法术等。我们这里主要指一事物对另一事物产生的影响，即区域创业精神对大学生创业教育产生的影响。这主要包括两个方面：一方面，区域创业精神作用于大学生创业教育全过程，对其产生影响；另一方面，大学生创业教育从这种影响中获得启发，结合本地区创业教育实际，开展有针对性的大学生创业教育，形成具有本地区教育特色的大学生创业教育模式。区域创业精神对于大学生创业教育的这种影响或作用主要体现在以下几方面。

一　区域创业精神对大学生创业教育的熏陶作用

区域创业精神对大学生创业教育的作用首先体现在熏陶上，这里主要包括环境熏陶和文化熏陶。所谓熏陶，基本解释就是人的思想行为因长期接触某些事物而受到好的影响，或者被一种思想、品行、习惯所濡染而渐趋同化。区域创业精神是一定区域的人们在长期的创业实践过程中不断积累、被普遍认同并加以推崇的价值观念或心理态度或风俗习惯，是人们最宝贵的精神财富，是人们开展创业实践不可或缺的精神动力，更是一个地区能够长期保持稳定健康发展的力量源泉。区域创业精神的这种熏陶作用在温州地区表现得尤为突出。温州地区良好的区域文化和社会环境条件，为温州地区的众多高校开展大学生创业教育营造了优越的外部氛围，使得温州许多高校大学生创业教育的温州味道浓厚，这对于我国大学生创业教育由“舶来品”向“本土化”转变具有重要的示范作用。

1. 环境熏陶

环境既包括以空气、水、土地、植物、动物等为内容的物质因素，也包括以观念、制度、行为准则等为内容的非物质因素；既包括自然因素，也包括社会因素；既包括非生命体形式，也包括生命体形式。环境是相对于某个主体而言的，主体不同，环境的大小、内容等也就不同。按环境属性划分，有自然环境和人文环境。我们这里讲的环境熏陶主要是指人文环境的熏陶。人文环境反映了一个民族的历史积淀，也反映了一个社会的历史与文化，对人的素质提高起着培育熏陶的作用。因此，茅盾曾在《青年苦闷的分析》中指出：“只有不断地和环境奋斗，然后才可以使你长成。”而区域创业精神是对地区人们长期的创业实践过程中所展现出来的精神状态、动力来源等一系列复杂心理变化过程的集中反映，是人文环境的重要组成部分，对人们的思想和行为都产生重大的影响。例如，温州地区创业精神的形成，就得益于整个温州地区非常浓厚的创业氛围。温州自古就是一片创业热土，这与温州地区恶劣的自然环境条件是分不开的。在这样恶劣的自然环境下，温州人为了生存，打破重农抑商的传统思想束缚，主动提倡农商并重，开展商业贸易，走南闯北，不畏艰辛。这种草根经济使得温州地区创业经济更具有地方特色，所形成的创业氛围更具有生活气息，所形成的创业精神也更具有地方特色。在这种环境熏陶下，温州地区的大学生创业教育深受启发。温州地区的众多地方院校利用这种优越的环境条件，积极发掘地方的有益环境资源开展大学生创业教育，使得许多高校的大学生创业教育取得不错的成绩，并始终走在全国的前列。例如，植根于这片“创业热土”的温州大学，充分利用地方特色，借鉴温州人的创业精神，不断培育大学生的创业意识，形成了创业教育的“温州模式”。

2. 文化熏陶

文化是一个非常宽泛的概念，给它下一个严格或精确的定义是一件非常困难的事情。笼统地说，文化是一种精神，是人们长期创造形成的产物。世界上每个民族、每个国家都有自己独特的文化，民族文化是民族身份的重要标志。同样，文化的多样性也决定了即使在同一个民族、同一个国度，不同地区的文化也各具特色。尊重文化的多样性，加强各地区文化交流，去其糟粕，取其精华，不断地将地区文化资源发扬光大是我们的共同责任。我们这里讲文化熏陶主要是从狭义的文化角度出发，探究代表地区精神创造活动精华的创业精神对于高校大学生创业教育的重要影响。不同地区的文化环境不同，文化熏陶作用就不同，大学生创业教育的形式和结果也就不同。例如，上海“白领文化”在上海占据主导地位，许多人宁可拿打工高薪也不愿“下海”冒风险。上海市政协委员徐枫认为上海青年“白领”意识强、“首领”意识弱，缺乏在创业领域开拓进取的胆魄；上海市政协委员梁鸿认为社会对青年创业缺乏“包容失败、鼓励冒险”的精神，人们经常用“不知天高地厚”等观念来看待那些创业失败的人（周凯，2008）。在这种文化熏陶下，上海高校的大学生创业教育也需要突破“白领文化”的束缚，注重培养大学生的创业意识和创业能力，培育大学生的创业精神，引导学生从单纯的就业者向创业者转变，造就创业型人才。

受江南“吴文化”影响的苏南地区创业模式是江苏创新创业的代表模式。在“吴文化”的熏陶下，江苏创业教育与创业实践表现出强烈的行政强势特点。有研究者曾指出：“这种文化传统反映在人的行为习惯上就是过分依赖上级政府、依赖集体的力量。所以即使在20世纪80年代初大力发展乡镇企业时，这些乡镇企业也常常表现为村干部经济、乡镇政府经济，政企难分。”（翟孝强和傅兆君，2006）江苏各地的创新创业活动几乎都能看见政府行为的巨大推动力，江苏精神的标牌（“创业创新创优，争先领先率先”）随处可见，高校创业教育也在政府政策影响下纷纷做出回应。例如，江南大学坚决贯彻落实教育部有关精神，大力推进创新创业教育和大学生自主创业工作，成立了创业学院，设立了创业基金，培育了创业典型，探索出一套依托学科、立足地方、循序渐进、联动共赢的创业教育模式。

浙江深受浙江文化的影响，在长期的创业实践过程中所形成的创业精神如浙江精神、温州创业精神等对地方高校的大学生创业教育影响巨大。温州大学就充分利用温州人的创业精神，大力培育大学生的创业精神，创业教育成效显著。

安徽受“徽商文化”熏陶，求变意识植根于安徽人的精神内核。安徽地区在开展创业教育过程中也充分强调求变的重要性，不断地实现跨越式发展。例如，安徽大学牢牢把握四个重点，即加强组织领导为重点、设立创新实验区为重点、开展科技文化活动为重点和推进产学研一体化为重点，全面推进创新创业教育，并取得了不错的成绩，创新创业氛围日益浓厚。安徽科技学院经过多年的探索实践，提出完善加强创新创业教育、培养创新创业能力、推进创新创业实践的“三位一体”创新创业教育，形成了鲜明的创新创业人才培养特色。通过几年的实践发展，学校的创新创业教育取得了显著的成效。

不同地区在各自独具特色的文化熏陶影响下，高校大学生创业教育呈现出不同的发展势头，形成各具特色的创业教育发展模式，为社会培养了大量的创业型人才。这种具有区域创业精神的创业文化，使得大学生创业教育更加具有地方特色，能够代表地方未来社会经济发展和人才培养的方向。因此充分重视区域创业精神中文化熏陶对大学生创业教育的作用，将大学生创业教育植根于具有历史文化传统的地方土壤中，有助于加快大学生创业教育走向本土化道路的步伐。

二 区域创业精神对大学生创业教育具有激励作用

区域创业精神作为地区精神财富的集中代表，具有典型性，能被普遍大众所接受和认同。因此，将区域创业精神提升到创业教育关键的地位，以培育大学生创业精神为核心，贯穿创业教育始终，这是大学生创业教育本土化发展的现实需要。区域创业精神既是大学生创业教育的起点，也是最终的落脚点和归宿，为大学生的创业实践提供强大的精神动力和智力支持，对大学生创业教育具有重要的激励作用。“创业精神作为一种奋发向上、积极进取、追求进步、建功立业的精神状态，充分体现着一个民族自强不息的坚定意志，展现着一个社会蓬勃发展的强劲势头。”（蒋璟萍，2004）区域创业精神的这种激励作用不仅对个人具有重要的作用，而且对于整个社会的精神面貌和经济社会的发展都具有重要的作用。同时，针对当前我国大学生创业教育的发展依然面临诸多困境的现实，积极地将区域创业精神的正能量引入大学生创业教育过程中，不断带给学生无穷的内在激发力量，使大学生的创业实践时刻具有活力来源，有助于提高大学生创业实践的积极性和实效性，促使大学生创业教育向更深层次发展。具体说来，区域创业精神对大学生创业教育的激励作用主要表现在正激励和负激励两方面。

1. 正激励

所谓正激励就是当一个人的行为或思想符合社会发展和个人成长需要时，通过奖赏的方式来鼓励和宣扬这种正能量，以达到持续和发扬这种行为或精神的目的。由于区域创业精神是人们在长期的创业实践过程中不断积累沉淀的优秀区域文化的代表，在不同时期、不同地区，创业精神的内涵也各有特色。但总体看来都对人们的创业实践起到这样或那样的重要作用，并被人们一直推崇并延续下来，形成一种带有地方文化特色的传统习俗。例如，“温州模式”“苏南模式”的形成都与当地的创业精神分不开。反过来，地区的创业实践又对创业精神不断进行深化与拓展。例如，苏南地区的创业精神结合时代发展，坚持与时俱进，成为江苏精神的重要组成部分。再如 1999 年，浙江省委十届四次全会正式提出了 16 字的“浙江精神”，追溯其源头，实际上是温州“四千精神”（即千山万水、千言万语、千辛万苦、千方百计）的一个放大的拷贝或省域性的扩展。“离开实践而成的温州模式、温州精神及其省域性扩散，既往的浙江模式与 16 字浙江精神断不可能平地而起。”（范正宇，2006）随着时代的不断向前发展，新时期社会的发展与进步更需要大力弘扬伟大的创业精神。

这些创业精神的实质是人们因现实状况与理想目标存在巨大反差而激发的

一种奋斗精神。而这种奋斗精神正是大学生创业教育所要追求的目标。弘扬区域创业精神，充分发挥其在调动人们生产积极性上的激励作用，能够为大学生创业教育带来活力，使大学生创业教育真正有血有肉，以一种人们喜闻乐见的方式融入生活、贴近生活，使得大学生创业教育的理念深入人心，不断地激发人们的创业热情并提高对大学生创业教育的重视度。

也正是在区域创业精神正激励的作用启发下，大学生创业教育才能真正地走上本土化的道路，获得长久有效的发展。例如，温州职业技术学院在坚持自身建设的同时，努力地将温州人精神融入学生职业素质教育的全过程，充分发挥本土化创业精神的正激励作用，大力弘扬温州人“敢为天下先，特别能吃苦，特别能创新”等优秀的创业精神内容，更加注重学生创新精神和创业能力的培养，逐步形成了一套具有温州特色的高职创业教育体系。

2. 负激励

所谓负激励就是当一个人的行为或思想不符合社会发展和个人成长需要时，通过道德批评的方式来纠正或抑制这种行为或这种思想，以达到减少或消除这种行为或思想的目的，进而培育其良好的精神品质，使之走上正确的人生道路。区域创业精神所倡导的是人们在创业实践活动过程中所应该具备的精神状态，大学生创业教育作为我国高等教育的重要组成部分，其最基本的职能就是人才培养。当前随着我国社会主义市场经济的逐步深入和经济全球化趋势的进一步加强，各种良莠不齐的思潮大量涌现。大学生涉世不深，社会经验不足，容易受外界不良思想的侵蚀，沾染不良行为习惯。当前就业形势异常严峻，面对就业压力，许多大学生“等，靠，要”的思想严重，只是消极被动地等待，而不是积极主动地去创造就业机会，以创业带动就业，解决更多人的就业问题。以区域创业精神为指导的大学生创业教育从一开始就以培育学生的创业精神为目标，注重学生创业意识和创业能力的培养，将创业精神作为一种理念贯穿到学生的整个大学学习生涯中。对在创业实践过程中出现的消极思想或行为进行有针对性的负激励教育，使得大学生能够自觉抵制不良思想的侵蚀，养成良好的生活和学习习惯，在毕业之后能够大胆地走向社会进行自主就业、积极创业，变传统被动的就业观为积极主动的自主创业，敢于在新兴行业和领域开拓创新，坚持正确的世界观、人生观和价值观，学会自我发展，将自我的奋斗目标与实事求是、脚踏实地的作风结合起来，不断提高实践能力。但是创业的道路并不是一帆风顺的。美国著名管理学家德克鲁认为：“创业就是要标新立异，打破已有的秩序，按照新的要求重新组织。”因为“理论、价值以及所有人类的思维和双手创造出来的东西都会老化、僵死……”（王岩，2008）因此，在积极就业或创业过程中，能够及时调整自我精神状态和人生目标，以一种积极乐观的心态面对一切困难与挫折，继续发扬艰苦奋斗、自强不息、团结协作、努力创新、诚实守信的精神，在创业实践中不断提高自我的综合素质，才能真正实现自我的人生价值。这也是区域创业精神对大学生创业教育负激励的最终目标。

地方独立学院更应该在开展创业教育过程中充分发挥区域创业精神的负激励作用，为学生养成良好的社会生活习惯，促进学生独特个性的发展奠定坚实的思想基础。以温州大学瓯江学院为例，作为地方性的独立学院，温州大学瓯江学院在开展创业教育过程中就非常注重学生创业精神的培育，更加注重在创业教育过程中对学生价值观的引导。温州地区学生大都拥有良好的家庭条件，但是仍有一些学生对自我认识不足，容易走入误区，特别是其中的一些独生子女。由于受家庭溺爱严重，部分学生对家庭特别是父母的依赖性比较强，缺乏必要的就业前准备，更多地将希望寄托于家庭。这也使得学生在接受创业教育过程中缺乏足够的激情与活力，从众心理、攀比心理、个人享乐主义等仍然存在。在经济全球化和市场经济浪潮的冲击下，许多学生容易迷失自我，无法自觉抵制各种不良思想的侵蚀。温州大学瓯江学院从当前的学生实际出发，在充分汲取温州地区区域文化精髓的基础上，通过创业理念教育、创业体验教育和创业实践教育三大平台全面开展大学生创业教育。为了更好地引导学生树立正确的人生观、价值观和世界观，温州大学瓯江学院定期邀请温州本地自主创业的成功典型来校开展创业讲座，以他们在创业实践过程中经历的酸甜苦辣来感染学生，以他们在创业实践过程中所展现出来的区域创业精神来激发学生。这种面对面、心交心的教育方式，真正地使学生在思想上接受创业教育，并以区域创业精神为思想动力，自觉规范自身行为，树立人生学习的榜样。在此基础上，温州大学瓯江学院还积极引导学生进行创业实践，为学生创造优越的校园创业实践环境，提供有助于学生创业实践的平台，取得了良好的实践效果。2012 年，温州大学瓯江学院创业园被评为温州市创业教育先进孵化基地，列为温州市国家大学科技园温州大学瓯江学院分园。此外，随着全国首个“天猫大学生创业就业实训基地”落户、“党员公益创业中心”的设立等创业教育新举措的开展，温州大学瓯江学院创业教育也逐步向纵深发展，努力以“创业意识、创业才能、创业个性”为线索，培养具有瓯江风格的创业型人才。这不仅对学生综合素质的提升有着重要的作用，同时对于温州大学瓯江学院创业教育的开拓与创新也有重要的推动作用。

三　区域创业精神对大学生创业教育具有引领作用

区域创业精神对大学生创业教育的另一作用体现在引领上。所谓引领主要是指引导事物发展的方向，具有向导的作用。大学生创业教育本土化不强的事实使得大学生创业教育在实践过程中总是很难达到理想效果。如何提高大学生创业教育的实效性，实现大学生创业教育的本土化，成为理论工作者必须要面对的重要论题。创业精神作为创业教育的本真追求，其本身就是创业教育的精神导向，用具有地域特色，能够反映区域创业教育要求的区域创业精神引领大学生创业教育逐步走向本土化的道路。这既是对大学生创业教育理论研究的重要拓展，更是对大学生创业教育实践的重新定位。以中关村地区为例，当前，中关村地区作为我国高新技术的研发中心、创新知识理论的集聚地，不仅引领着我国未来高新技术的发展方向，而且在中关村地区创业精神的影响下，其引领作用更是直接作用于大学生创业教育，引领着中关村地区乃至整个北京地区的高校创业教育的发展方向。也正是在这种本土化创业精神的引领作用下，中关村地区高校大学生创业教育始终处于我国大学生创业教育发展的前列。同时，在中关村地区创业精神的巨大辐射作用下，地方高校在开展创业教育过程中，不断更新创业教育观念，创新创业教育发展模式，积极寻求一条具有中国特色的大学生创业教育发展路径。具体说来，区域创业精神对大学生创业教育的引领作用主要体现在两方面，即思想引领和实践引领。

1. 思想引领

所谓思想引领，主要是指客观存在作用于主观意识，指引人们做出正确选择。这里主要是指通过区域创业精神来作用于人们的思想意识，培育人们的创业精神，从而更加重视大学生创业教育的发展。区域创业精神对大学生创业教育的思想引领作用具体体现在转变人们观念认识上。这主要包括以下几方面。

首先，转变创业教育教育者的思维观念。我国的创业教育起步比较晚，对于创业教育的认识缺乏科学性，导致在创业教育实践过程中时常走入误区。例如，“当前我国部分高校创业教育主要途径局限于操作层面和技能层面，把创业教育简单地定位为教学生会经商、能创立企业的教育。……片面性的理解必然导致在现实中重短期效果、轻长期效应；重技巧培训的提高，忽视创业精神和创业意志的培养”（郑淑红，2009）。也正是由于对创业教育认识上的局限性，我国高校在开展创业教育过程中更多关注其价值需求，功利主义色彩比较浓厚，偏离了创业教育的实质追求。关于这一点，欧洲委员会对创业教育的开展所做的定义就比较贴切，他们认为“只有少数人生来就是创业家，但是教育却可以激发年轻人的创业理想。应该让那些愿意自主创业的年轻人掌握基本的技术和市场能力，以帮助他们实现这一愿望。创业不应仅仅看作是自己开公司，事实上，创业是每个公民日常生活和职业生涯取得成功所应具备的一种普遍素质”（刘敏，2010）。而创业教育教育者作为创业教育“传道、授业、解惑”的直接实施者，在创业教育的实施过程中起着至关重要的作用。创业教育教育者对创业教育的认识是否科学也直接关系到创业教育最终走向何处的重大问题。区域创业精神以一种新的视角诠释创业教育的最终归宿，保证了创业教育具有活力源泉，使得创业教育具有鲜活的生命力，能够增强创业教育教育者自身的重视度，转变其错误的思维观念，即由单一的职业技术教育转向更高层次的素质教育，由培养传统技术型人才转向培养综合性创业型人才。思维观念的转变有助于提高教育者开展创业教育的积极性，使他们在开展创业教育过程中由传统单一的口头空洞说教转向主动提高自身素质，丰富自身社会实践经验，提升创业知识水平，从而使得创业教育具有更充足的人力、物力、财力支持，保证了创业教育持续有效地进行。

其次，转变创业教育受教育者的思维观念。创业教育受教育者是创业教育的直接受众，需要受教育者对创业教育形成科学的认识。由于创业教育“舶来品”性质明显，社会对创业教育认识上的误区导致高校对创业教育的重视度不够，大学生在接受创业教育的过程中也往往偏离正确的轨道。目前，面对严峻的就业形势，许多大学生也将目光转向自主创造就业岗位，但是创业教育的不科学性导致他们在一开始准备自主创业的过程中就存在诸多顾虑。一是认为自主创业需要较多资金和技术支持，这对于刚出校门的大学生来说无疑是不可能完成的事情，从而自信心不足。二是认为自主创业困难重重，自己既没有创业经验，也没有合适的创业项目，即使能够侥幸创业成功，也无法保证在激烈的市场竞争中长久生存下来，从而畏惧心理比较严重。三是部分大学生虽然自主创业意识比较强烈，对自主创业期望值很高，也投入大量的创业实践精力，但是缺乏创业风险意识和接受挫折的心理准备，没有做好自己的职业生涯规划，缺乏目标性，创业盲目性比较严重，对自主创业的重视度不高，导致在创业失败或遭受挫折的时候，缺乏坚持度，思想上和行动上普遍存在消极因素。综上所述，在诸多欠缺科学性的思维观念的影响下，部分大学生自主创业意识依然不强，对创业教育始终抱持一种怀疑观望的态度，缺乏一种敢闯敢拼的进取精神和开拓、创新、合作的精神，这也间接导致大学生创业教育现实实效性不高。而区域创业精神专注精神领域，“将创业精神提升到为社会创造财富、为社会做贡献和自我价值实现的高度”（陈成文，2009）。同时，区域创业精神也是一个地区区域文化特质的集中体现，它从现实生活中来，又普遍被现实人们所接受和认同，能够带给学生一种真实的情感体验，从而在思想上产生共鸣。从思想上引领创业教育，有助于转变创业教育受教育者的思维观念，使创业教育真正走上本土化的道路，真正实现创业教育思想深入人心，由消极被动接受转向积极主动尝试实践，增强自身的自主创业能力。

再次，转变家庭父母的思维观念。创业教育的开展和大学生自主创业实践离不开每一个大学生的家庭的支持。父母的支持与理解是大学生自主创业成功的重要保障，也是间接宣传大学生创业教育、传播创业教育思想的重要力量。我国创业教育起步比较晚，创业教育所形成的社会影响力与欧美发达国家相比仍然存在较大差距，整个社会的创业氛围淡薄。从而部分大学生自主创业时，父母更多地是不支持或不理解，认为他们是不务正业、瞎折腾，不如正正经经地找一份稳定的工作可靠。这也导致大学生自主创业思想还没有成熟就被抹杀了。传统“铁饭碗”的思想仍旧是大部分家长的首要追求。区域创业精神是地区人民在长期的社会实践过程中不断积累沉淀的精神财富，是每一个家庭奋斗史的集中体现，有着很深的群众基础，能够被广大的人民所认同和接受。以区域创业精神为核心开展大学生创业教育，有助于不断培育大学生的自主创业意识和创业精神，传承父辈优秀的精神文化，逐步转变父母的传统就业观念，使他们对子女教育的重点转移到复合型人才和创业型人才的培养上，支持并鼓励大学生自主创业、锻炼自身的实践能力、丰富其社会经验，为大学生创业营造良好的家庭氛围。

最后，转变政府的思维观念。政府是我国社会主义建设事业的领导者和社会主流价值观念的营造者，同样也是高等教育发展方向的指引者。政府对创业教育的观念认识直接影响着整个创业教育的发展形势。我国创业教育进行时间较短，而且还是以试点为主，对创业教育仍旧持观望态度。虽然随着社会的不断发展，创业教育逐渐显示出其在缓解社会就业压力上的重要作用，政府对创业教育的重视度不断提高，支持并鼓励大学生自主创业的优惠政策不断，希望更多的大学生参入其中，以创业带动就业，促使更多的人就业。其首要目的是解决就业问题，缓解就业压力，是岗对岗的人才培养，对人才质量缺乏明确的认识。也正是在这种指导思想下，部分高校在开展创业教育过程中，对创业教育进行了一些错误的解读，认为高校创业教育就是培养学生当老板、企业家的教育，或是创业培训和针对就业的教育，割裂了创业教育与高校人才培养质量之间的关系。而联合国教科文组织认为“高等教育发展进入大众化阶段以后，如果质量不能得到社会的基本认可，高等学校所授予的资格和技术不能满足社会的要求，社会将拒绝制度化教育所产生的成果”。区域创业精神不仅是地区人们长期社会实践过程中最宝贵的精神财富，更是一个国家必须大力弘扬的优秀精神文化元素，应该成为人们心中主流的价值观念。因此，高度重视区域创业精神的思想引领作用，将培养具有敢闯敢拼、开拓创新、锐意进取、团结合作、艰苦奋斗等精神的人才作为首要目标，在全社会形成一种全民创业共识，使政府的人才培养观由四有技能型人才转向高素质复合创业型人才，由人才数量培养转向人才质量培养，进而促使高校进行卓有成效的教育体制改革，实现我国高等教育的转型升级。

2. 实践引领

所谓实践引领，主要是指在自觉意识下，人们开展实践活动。实践是检验真理的唯一标准。区域创业精神对大学生创业教育的思想引领作用能否起效用，关键看实践能否真正落实。区域创业精神的思想引领作用只有落到实处，才能真正起到引领大学生创业教育的作用。具体说来，区域创业精神对大学生创业教育的实践引领作用体现在开展创业教育的实际操作上。这主要包括以下几方面。

首先，在政府层面上营造创业氛围，完善创业政策，构建创业运行机制。区域创业精神基本的精神要义就是要求人们积极向上，培养良好的心理素质和创业能力，通过自己的艰苦奋斗，不断开拓创新，创造出美好的未来。政府作为社会主义各项事业的绝对领导者，同样也是高校创业教育的引领者，在具体操作上更应该身先士卒，做出榜样。我国的大学生创业教育始于20世纪90年代的创业竞赛，在世界高新技术创业浪潮的影响下，创业教育逐步得到重视。发达国家创业教育发展经验表明，创业教育最本真的追求就是创业精神的塑造。“创业教育不只是传授创业知识，培养创业能力，更重要的是要让学生具有创业精神，会像创业家、企业家一样去思考问题与面对问题。就如同学习教育学的目的并不是成为教育家，而是要像教育家那样去思考。”（牛金成和陆静，2013）然而受安分守己、怕冒风险、求稳图安逸等传统旧思想的束缚，自主创业人才缺乏，个人创业的社会氛围不浓，被社会全体人员所接受的社会风气还没有形成。同时，政府在推进创业教育、鼓励以创业带动就业的过程中，缺乏有效的资金、技术、服务等方面的支持，导致大学生在自主创业过程中困难重重，严重阻碍了大学生的创业实践活动，直接影响大学生的创业心理，容易让其产生消极被动的精神状态，这与区域创业精神的精神要义是背道而驰的。因此，政府在鼓励并支持大学生自主创业的过程中，需要以区域创业精神为引领，向全社会大力倡导创业教育，逐渐转变人们落后的职业意识，使之摆脱传统旧思想的束缚，努力形成你追我赶的社会创业浪潮，为大学生自主创业营造良好的社会氛围。同时不断完善与大学生创业相关的创业优惠政策，适时提供资金、技术、服务等方面的政府支持，真正实现创业教育社会实践的现实性。对一些大学生自主创业成功的典型案例进行物质或精神上的奖励，树立榜样，形成示范效应。在创业运行机制上，要真正落实政府对创业教育的要求，完善创业教育运行体系，使创业教育回归本真，走本土化创业教育道路。

其次，在高校层面上优化创业课程体系，加强创业实践，注重创业师资队伍建设。高校是大学生创业教育的主阵地，承担着培养社会所需人才的重要职责。随着高校扩招和就业形势的日益严峻，社会用人单位对人才的要求更加严格，这促使高校开始从传统应试教育到现代素质教育转变，更加注重人才质量的提升和个人自由而全面的发展。联合国教科文组织总部于1998年10月发表的《高等教育改革和发展的优先行动框架》中指出：“高等学校必须将创业技能和创业精神作为高等教育的基本目标，要使毕业生不仅成为求职者，而且逐渐成为工作岗位的创造者。”创业教育作为我国高等教育的重要组成部分，它在本质上追求的是实现人的全面自由的发展。马克思在谈论人的全面发展理论时指出：“用适应于不断变动的劳动需求而可以随意支配的人员，来代替那些适应于资本的不断变动的剥削需要而处于后备状态的、可供支配的、大量的贫穷工人人口；用那种把不同社会职能当作相互交替的活动方式的全面发展的人，来代替只是承担一种社会局部职能的局部个人。”（中共中央马克思恩格斯列宁斯大林著作编译局，1972）因此，在创业教育过程中，就要更加重视学生创业意识与创业精神的培育，全面开发学生的智能，完善创业知识结构，提高学生的综合素质，促进学生的全面发展。苏霍姆林斯基也曾指出：“每个学生的精神世界都是一个不可分割的整体——道德的、智力的、情感的、创造的和体力的整体。在教育对这个整体施加教育影响时，切不可只有智育（更不能只有学习）而无德育、美育、体育和劳动教育，在培养全面发展的人的工作中没有任何一样东西是次要的，都是主要的，其中任何一点被忽视或做得不正确，就会使全面发展的这一完整统一、和谐的基础遭到破坏。”（苏霍姆林斯基，2001）以区域创业精神引领大学生创业教育的实践运行，在实践中推进创业教育本土化道路的开辟。为此，高校必须努力转变创业教育观，优化创业教育课程体系，将创业教育与专业教育相结合，使创业教育与专业教育相互促进，良性发展；同时科学地进行规划，加强创业教材编写的建设，在借鉴外国成功经验时，创造性地编写通俗易懂、具有本土化特色的高质量创业教育教材；注重创业实践活动，将创业理论知识应用到具体的创业实践中去，不断丰富学生的创业生活，提高学生的创业技能，提升大学生的创业精神。创业教育成功的另一个关键点就在于创业教育师资的力量。学校应该严格把关创业教育师资，吸纳优秀的创业教育教学人才，定期进行创业教育培训，鼓励教师积极参与学生的创业实践活动，不断丰富自身的社会实践经验；对一些创业典型案例进行讨论研究，不断提高创业教育教师的理论研究能力，并建立良性的创业教育教师团队，对先进的个人或集体给予必要的物质或精神的奖励，激发教师的教学积极性，保障大学生创业教育的有序开展。

再次，在学生层面上更新创业观念，勤于创业活动，坚定创业信念，提升创业素养。创业教育效果如何关键看受教者接受与实践的程度。大学生作为创业教育的主体，体现大学生主体性是创业教育的内在要求。区域创业精神是人们充分发挥自身主观能动性、体现主体性的集中反映。以区域创业精神引领大学生创业教育，有助于创业教育主体主体性的充分发挥。“创业教育尊重学生的人格和学习的主体地位与参与原则，最大限度地激发学生的积极性、能动性、主动性和创造性，培养学生对知识、问题主动思考的质疑态度和批判精神，并运用所学的知识，解决实际问题，使学生了解和掌握创业规律和特点，以及创业主体所应具备的基本素质，促进人的自由发展。”当前大学生面临严峻的就业形势，提升自身综合素质、实现自身全面发展成为缓解就业紧张压力、增加自信心的有力保障。为此，大学生应该充分认识到创业教育的紧迫性与重要性，摆脱传统旧思想的束缚，不断更新创业观念，注重自身创业意识和创业能力的培养，由消极被动的就业观转向积极主动的创业观，真正将创业教育思想内化为自身的人格素养。实践是检验真理的唯一标准。大学生应该将创业教育理论知识与社会实际相结合，不断进行创业实践，积累丰富的创业实践经验，要更加注重创业心理素质的锻炼，以区域创业精神为指南，在实践中磨炼意志，学会自立自强，培养自身艰苦创业的精神，增强劳动光荣的意识，充分发挥主体人的主观能动性，增加创业体验，熟悉社会环境，提高社会交往能力，不断增强自身的社会适应力，使自身的创业素养得到全面的提升。

最后，在家庭层面上注重创业精神激励，支持自主创业行为。家长作为学生的启蒙老师，良好的家庭环境对学生的成长至关重要。因此，创业教育的有效开展更离不开社会和家庭的大力支持，良好的家庭创业氛围对学生思想意识的形成有着重要的意义。以温州为例，温州众多的中小民营企业大多是家族产业，“这些企业的第一代领导人已开始面临谢幕和退出历史舞台的问题，如何培养这企业的接班人并使这些‘富二代’能顺利接过父辈手中的‘接力棒’，是家族企业能否‘家业常青’的关键所在”（谢志远，2009）。为此，许多家庭从小就对子女进行自主创业思想指导，有意识地对子女进行自主创业教育，培养子女敢闯的创新精神。良好的家庭创业氛围使得温州人从小在骨子里就有一种敢为天下先的气质。“温州模式”的成功从一个侧面显示出创业精神巨大的精神力量，温州人的创业精神也间接地反映出家庭文化对子女影响的重要性。当前大学生就业难问题愈发严峻，父母应该转变传统职业观念，不再将所谓的“铁饭碗”作为孩子职业生涯的唯一选择，而应从小就培养子女的创业意识与创业精神，对子女的创业意识或创业行为进行正确的引导，鼓励并支持子女进行自主创业实践。可以说家庭创业环境的优劣在很大程度上影响着大学生接受创业教育和进行自主创业实践的积极性与主动性。学生家长是一个庞大的创业教育资源，只有获得家长的支持，创业教育才能顺利有序地开展。但是当前面对就业压力，大部分学生家长更多关注学生的就业结果，忽视了学生就业过程综合素质的培养，导致大部分学生毕业后盲目就业，缺乏科学的职业生涯规划。甚至有些家长将创业看作是没出息、没单位要的表现，对孩子的创业实践缺乏足够的信心与支持，这也直接影响到孩子的创业热情，不利于大学生创业教育的有效实施。以区域创业精神为核心的创业教育旨在追求学生综合素质的提升，实现学生自由而全面的发展。同样作为创业教育资源的重要组成部分，父母就更应该重视子女综合能力的提升，积极营造有助于子女自主创业的家庭氛围，对子女的一些自主创业实践活动给予充分的肯定与支持，注重创业精神激励，努力培育子女敢闯敢拼、开拓创新、团结合作、艰苦奋斗等创业精神，使子女养成科学的世界观、人生观和价值观，并将创业教育理论知识应用到具体的创业实践中去，以实践检验理论，达到学以致用。

区域创业精神的实践引领作用保障了大学生创业教育全方位地有效开展，真正将大学生创业教育落到实处，提高了大学生创业教育的实效性。

总之，我国高校大学生创业教育走向本土化的道路离不开区域创业精神的支持，区域创业精神通过多种途径对大学生创业教育起着潜移默化的作用。地区高校大学生创业教育也在区域创业精神作用的启发下，不断创新人才培养模式，积极主动地实现大学生创业教育的本质演变。总结过往，大学生创业教育始终无法抹去“舶来品”痕迹的一个重要原因就在于缺乏具有中国特色或地区特色的创业教育元素，对创业教育的角色定位还始终停留在择业教育、就业教育、知识教育、创新教育等相对零散、不成体系的教育模式上，无法真正体现出创业教育的实际价值。因此，将区域创业精神对大学生创业教育的作用作为大学生创业教育的一个重要内容加以微观阐述，有助于我们在开展大学生创业教育过程中更好地理解大学生创业教育的实质，并在汲取本地区创业精神精华的基础上，开展大学生创业教育的创新研究，真正实现大学生创业教育的中国特色，促进大学生创业教育进一步向更深层次上发展，为地区经济和社会的发展做出更大的贡献。

第三节　区域创业精神促进高校创业教育的典型案例

区域创业精神与大学生创业教育的融合是实现大学生创业教育本土化的关键。区域创业精神是地区创业文化的精髓，是大学生创业教育本土化的根基。只有积极发掘具有地方特色的区域精神内涵，充分发挥区域创业精神对大学生创业教育的熏陶、激励和引领作用，不断培育大学生的创业精神，努力提高大学生的创业意识，才能真正发挥大学生创业教育对社会经济发展、人才培养等方面的巨大作用。本书选择温州、苏南、中关村是因为这些区域创业精神在促进高校创业教育方面作用突出，其模式具有一定的代表性。无论是温州大学，还是江南大学，抑或是北京航空航天大学，无不在各自地区创业精神的指引下，紧紧抓住大学生创业教育的本质，开展卓有成效的大学生创业教育，形成了具有自我特色的大学生创业教育模式，实现了大学生创业教育与区域创业精神的有机融合，从而最大限度地发挥区域创业精神对大学生创业教育的积极作用，为大学生创业教育实现本土化目标做出了有益的尝试。

一　温州：借鉴温州区域创业精神促进大学生创业教育

1. 以温州人创业精神为切入点，培养学生创业意识

受温州特殊地理位置和历史文化的影响，温州人迫于生计和对美好生活的追求，走南闯北，不断尝试与积累，形成了温州人“特别能自主、特别能吃苦、特别敢冒险、特别能创新、特别能合作”的“五特别”创业精神。温州大学充分利用自身区域优势，将温州人创业精神引入创业教育。一是注重学生自主的创业意识的培育。温州人特别能自主的创业精神启示学生应该充分发挥自身的优势，明确自身职业需求，自主寻找机会，创造就业岗位，以创业带动更多的人就业。二是注重学生吃苦的创业意识的培育。温州人创业精神最重要的一点就是不怕吃苦，“温州人能当老板，也能睡地板”形象地说明温州吃苦耐劳的优秀品质。因此，温州大学在开展创业教育过程中十分注重学生吃苦创业意识的培育，引导学生勤俭节约，弘扬艰苦奋斗的优良传统作风；同时，还时常组织学生开展勤工俭学活动，让学生切身体会钱的来之不易，并用温州人艰苦创业的典型奋斗事迹去激发学生的创业激情，使学生能时刻保持艰苦创业的精神。三是注重学生冒险的创业意识的培育。自主创业就意味着一切都是未知数，因此，大学生要有一种敢冒风险的闯荡精神。学校为了培育大学生敢冒风险的创业意识，特别注意学生的创业心理素质教育，使学生对自我能够有一个全面的认识，并不断锻炼自我面对困难、解决困难的勇气。同时学校还特意邀请一些自主创业成功者来校开展讲座，介绍自身创业的成功经历，鼓舞学生要有敢为人先的精神。四是注重学生创新的创业意识的培育。学校在人才培养目标的制定上更加注重复合型创业人才的培养，着重培育学生的创新思想，不断完善学生的知识结构，拓宽学生的知识面。同时，学校创新课堂构成，将第二课堂作为大学生创业教育的又一阵地，积极开展诸如创业竞赛、社会劳动实践和科技文化服务活动等，不断锻炼学生的社会适应力和创新创业的能力。五是注重学生讲求合作、特别能务实的创业意识培育。如今，随着经济全球化趋势的不断加强，社会竞争中合作的意识逐渐增强，使得学校在开展创业教育过程中，更应该注重学生务实合作的创业意识的培育。为此，学校充分利用地域优势，结合温州民营企业众多的优势，积极开展校企合作，组织学生到企业、公司中进行实践教学；针对学生自身实际，学校还提供众多的勤工俭学岗位，鼓励学生充分发挥自身优势从事各种实践锻炼活动。另外为了让学生能够提前熟悉创业流程，学校还建立了大学生创业园、大学生创业活动中心等，增强了大学生与企业客户交流的能力，同时使大学生的创业实践能力也得到锻炼。

2. 以温州人创业经历为着重点，引导学生创业实践

温州人创业精神的“五特别”诠释了温州人创业实践经历的艰辛与不易。温州商人也是从“三无起步”、从“五低起飞”。创业不能只停留在嘴巴上，要具体落实到实际行动中。通过对社会环境的分析和对周围市场需求的明锐洞察，找到适合自身的自主创业路子，才能在创业实践过程中实现突破。但是当前大学生由于自身的缺陷，如社会阅历、心理承受能力、创业资金、工作能力和社会经验等比较欠缺，往往在创业过程中容易迷失。因此，以温州人创业经历为着重点，建立良好的创业实践互动体系，对大学生创业实践的成功至关重要。温州大学充分考虑大学生创业实践的需要，鼓励学生将创业教育与专业学习相结合，充分发挥本专业优势、学以致用。同时，学校还免费为学生的创业实践提供创业场地，要求学生在创业实践过程中注重自身创业意识和创业精神的培育，积累创业实践经验。另外，学校自 2002 年开设第一个专业创业工作室以来，现已发展出三级联动的专业实践体系：学校有创业园，学院有创业中心，专业有创业工作室。学校开展的创业教育还帮助学生树立了积极的就业观，更多的毕业生面向基层和民营企业就业或者选择自主创业，近 3 年学校一次性就业率稳定在 90%以上。创业教育在促进专业学习的同时还激发了学生的创新热情，提高了学生的创新能力。

二 苏南：苏南区域创业精神促进高素质创新型人才培养

与“温州模式”相比，“苏南模式”更多采用自上而下的发展思路，政府干预性比较强。在这种政府干预下，苏南地区高校充分汲取苏南地区创业精神及新时期江苏精神的实质内涵，将大学生创业教育人才培养目标明确定位为培养具有“三创”精神，拥有完善独立人格和自主品质，具备创业实践能力和就业竞争力的高素质创新型专门人才。下面以江南大学为例进行说明。

1. 秉承苏南区域创业精神，提升创业教育观念

创业教育的目标并不是直接为学生提供就业岗位，也不是将成功创业作为创业教育的唯一目标，更不是要求将创业教育与专业教育、职业教育、就业教育等相割裂，而是注重培养学生的创业意识、创业精神和创业能力，逐渐转变学生的传统就业观、择业观，将创业教育作为实现素质教育的重要内容，塑造“高素质创新型专门人才”。为此，江南大学在开展大学生创业教育的过程中，不断完善创新创业教育理念，以“高素质创新型专门人才”为培养目标，大力弘扬区域创业精神，积极向每位学生传递“每个学生皆可能创业，每项创业皆可能成功，学生终生皆可能创业”的新理念，在创业实践中更加注重学生创新创业精神的培育和实践体验的感悟，让创业教育逐步深入人心。同时，学校还积极谋划创业教育未来发展战略，努力实现“错位发展、特色发展、对外发展和内涵发展”，进一步拓宽创业教育思路，创新创业教育理念，在适应时代和社会需求的基础上，不断实现创业教育的跨越式发展。江南大学在开展创业教育实践中，始终以培养“高素质创新型人才”为主要目标，秉承“彰显轻工特色、服务国计民生、创新培养模式、造就行业中坚”的办学理念，通过转变教育思想，将学校人才培养逐步从过去的单一寻岗就业向培养更多能创业、懂创业的自主创业者转变，适应了当前

社会发展的需要。学校还将创业教育与专业教育、就业教育、素质教育相融合，不断推进教育教学改革，制定了创新创业人才培养方案，进一步规范学校通识教育课程的系统内容，尤其加强了实习环节的建设，提升了学生实践能力。同时，学校还特别重视科研对于创业的重要助推作用，其中彰显轻工特色、适合中小企业的成果转化中有 80%的专利成果转化成生产力。

2. 借力区域创业资源，助推高校创业教育

江南大学充分重视校地各类创业教育资源的整合，凸显创业孵化的平台优势。其中江南大学科技园作为国家级科技孵化器，成为学校创业教育与实践的重要载体，支持大学生创业团队的指导与孵化，形成了良好的示范辐射作用。为让学生能够充分感受到创业魅力，学校还特别重视成功校友的创业典型的引领作用。通过建立“创业者联盟”等方式，让学生充分了解创业教育，了解创业，融入创业氛围，积累创业经验，共享创业资源，激发创业灵感，促进创业实践，充分感受团队力量，增长了创业自信心。江南大学注重发挥“五股力量”的合力育人作用，即以培养“高素质创新型专门人才”为目标，引领创业教育的目标牵引力；注重铺设创新创业人才培养体系，保证创业教育的制度保障力；依托各类传统教育活动、精品活动和创新创业社团，提升创业教育的活动渗透力；注重彰显轻工特色，实现产学研合作，突出创业教育的科研助推力；以各类创业资源整合利用为着重点，保障创业教育的平台支撑力。在教学实践环节，江南大学特别强调学生创新精神的培育和创业实践环节的落实。同时，学校还充分利用自身的优势，依托科技园和产业园，成立了实体化运作的创业学院，孵化优秀创业项目，实现了教学、科研、成果转化并驾齐驱，进一步增强了学生创新创业能力，激发了学生创业热情。在培育创业教育特色方面，江南大学充分利用自身的地理位置优势，将无锡轻工业发展历程中涌现的一大批近代民族资本创业先驱们的创业经历融入创业教育，充分发挥吴文化的育人优势，使江南大学的大学生在潜移默化中深受吴文化熏陶，接受并认同区域优秀创业文化，形成吴地特有的创业气质和素养，更使得江南大学创业教育在融合行业和地方特色的过程中逐步形成具有江南大学特质的大学生创业教育模式。

三 中关村：发扬创新、突破的创业精神，形成“北航模式”

中关村地区与温州地区和苏南地区最大的不同点就在于其强大的科技支撑力量。中关村地区自主创业者的初衷就是将高校科研理论成果转化为现实生产力，这也使得中关村地区一开始就具备开展科技创业的优势条件。中关村也由原来无人问津的荒芜之地发展成为现在的中国高新技术研发中心，被国外称为“中国的硅谷”。中关村地区创业成功的关键就在于其找准自身位置，充分发挥了自

身优势，主打科技品牌，形成自我特色。中关村地区创业精神正体现中关村人敢于创新、勇于突破的创业品质。在这种创业精神的推动下，中关村地区创业精神与大学生创业教育融合紧密，充分展现了高校在开展创业教育过程中对中关村地区创业精神的汲取与升华。

以北京航空航天大学为例，教育部在 2008 年确定北京航空航天大学为创业教育类人才培养模式创新实验区。借助这种政策优势，北京航空航天大学充分发挥中关村地区敢于创新、勇于突破的创业精神，不断落实创业教育实践，逐步形成独具特色的“北航模式”。北京航空航天大学创业教育主要有以下几大特色。一是完善创业人才培养体系。北京航空航天大学将创业教育纳入学校人才培养的总体规划中，其创业课程、创业计划大赛、创业导师、创业培训基地、种子基金、企业孵化及园区服务等共同构成一个比较完整的创业教育与培训体系。学校力求打造出多层次、立体化、全方位，具有北京航空航天大学特色的创业人才培养体系。二是以高端前沿科技为目标。北京航空航天大学创业教育人才培养目标是培养企业界的领导人才。为此，北京航空航天大学主要从两个方面着手：一方面利用自身拥有的技术、知识和人才的优势，积极引导学生开发自身或团队的潜力，瞄准高端前沿科技项目创业；另一方面不断探索高级创业人才培养模式。三是点面结合、分类培养。虽然北京航空航天大学的创业教育是面向学校全体同学，但是北京航空航天大学根据学生群体的不同需要，进行分类培养和指导。例如，对于有创业知识需要的学生，通过开设系统的创业课程，满足其创业基础知识方面的需要；对于有创业想法的学生，由创业指导老师进行一对一的指导和咨询；对于那些有较好前景的创业项目的学生，学校还会提供除了项目咨询、指导外的诸如资金、技术、管理、运营等方面的孵化支持；对于比较大的或高端的科技创业项目，则可指导其进入大学科技园，由科技园参与投资和经营管理。四是与专业教育相结合开展创业教育的模式创新。五是“三业”导师制师资队伍建设的创新。将校内外优秀的师资资源进行整合创新，满足了学校大学生创业教育的需要。六是教学方式的创新。这主要表现在：小班授课；外聘导师制；实践性。通过以上独具特色的北京航空航天大学创业教育模式，北京航空航天大学正在努力实现为国家输送更多理论扎实、知行并重、适应现代经济社会发展需要的应用型、复合型的专业人才的人才培养目标。这种人才培养目标的实现不仅是北京航空航天大学创业教育的实质要求，更是对中关村地区创业精神的最好诠释。

第四章 借鉴区域创业精神构建区域特色创业型大学

创业型大学来源于 20 世纪下半叶，一些出色的研究型大学造就了一种全新的大学模式：entrepreneurial university，即“创业型大学”。这些大学在其周边形成了一种极为相似的创新格局——它们利用自己的知识创新成果，引资创办高技术公司，加速原创性科技成果转化，孵化、催生、兴办新的产业，从而进一步承担国家经济发展和竞争力提升的重任（王雁等，2003）。这种现象是世界性的，不仅出现在欧美，在亚洲和拉丁美洲也是如此，在我国也是如此，中关村就是依靠北京航空航天大学等创业型大学造就的。创业型大学，是高等教育发展到一定阶段的一种形式，也是让高校对接社会经济发展的有效途径之一。什么是创业型大学，创业型大学现状如何，创业型大学如何构建等一系列疑问展现在我们面前，本书将立足于借鉴区域创业精神来探索区域特色创业型大学建设，以期能给读者一定的启示与借鉴。

第一节　创业型大学的内涵、性质、特征

一　创业的定义

要理解区域特色创业型大学，要理解“创业型大学”，我们首先要把握“创业”（entrepreneurship）的定义。基于不同的视角，不同的学者对“创业”有不同的界定。从历史上看，“创业”一词的出现可追溯到 1775 年法国经济学家理查德·坎蒂隆（Richard Cantillon）对其的第一次定义，此时的“创业”代表着承担风险。随着时代的发展，“创业”的含义不断丰富起来，如表 4-1 所示：如 Knight（1921）认为创业指成功地预测未来的能力，Garner（1985）则认为创业是新组织的创建过程。然而，在分析了“创业”的多种定义后，我们不难发现，“机会”逐渐成为定义中的焦点。

表 4-1　以“机会”为焦点的创业定义

作者	定义/解释
Stevenson，Roberts 和 Grousbeck（1985）	创业被“机会的洞察”而不是已控制的资源所驱动
Stevenson，Roberts 和 Grousbeck（1994）	根据已控制的资源去获取机会

续表

作者	定义/解释
Shane 和 Venkataraman（2000）	创业聚焦于机会的存在并且发现、评估和利用有利可图的机会
The US National Commission on Entrepreneurship（2003）	不断的变化会产生创造财富的新机会，（创业是）经济（主体）利用这些新机会的方式
朱仁宏（2004）	创业是商业行为者在一定的创业环境中如何识别并利用机会、动员资源、创建新组织和开展新业务的活动
王会龙（2006）	创业是一个过程，机会追求是创业的核心要素，创业在创造出新颖的产品、服务中实现其潜在价值
卢彩晨（2006）	创业是开创事业，本质是机会导向、创造性地整合资源、创造价值、超前行动和创新变革

从表 4-1 中，我们可以看出，无论是“机会”的发现，还是“机会”的获取，创业机会始终是“创业”定义中的核心要素。欧盟委员会（European Commission）于 2012 年在其报告《高等教育中创业计划的效果和影响》（*Effects and impact of entrepreneurship programmes in higher education*）中也提到：创业指个体将想法转化为行动的能力。它包括创造、革新和风险承担，以及为实现目标而计划、管理项目的能力。这使得每个人能更多地意识到他们的工作环境，并且更有可能去抓住机会，从而为创业活动提供基础。在这一定义中，“机会”的获取既是创业主体具备了创业能力后的结果，同时也是主体进行创业活动的前提。毫无疑问，正如一些学者所认为的，“机会”的获取和利用已成为“创业”含义的本质体现。

二 创业型大学的代表性定义

在讨论了“创业”的定义后，我们可以来进一步探讨“创业型大学”的概念。事实上，对“创业型大学”这一概念的界定也是多样而复杂的。其中，比较具有代表性和典型性的当属亨利·埃兹科维茨（Henry Etzkowitz）和伯顿·克拉克（Burton Clark）的定义了。埃兹科维茨在其著作《大学与全球知识经济》（*Universities and The Global Knowledge Economy*）中提到：“知识进步在以前主要是大学关注的对象，知识资本化是产业界主要关注的对象。但是，经常得到政府政策鼓励的大学及其组成人员对从知识中收获资金的日益增强的兴趣使学术机构在精神实质上更接近于公司，公司这种组织对知识的兴趣总是和经济应用紧密相连的。”他还认为，创业型大学是一个天然的“孵化器”，为师生开创新的风险事业提供了支持性的结构（Etzkowitz，2003）。克拉克对于“创业型大学”的理解则是基于对欧洲五所大学的个案研究。他强调：“创业型大学就其自身而言，就是要寻求在如何进入商业界和与商业界联合方面进行创新。创业型大学寻求成为‘站起来’的大学，是能按照它们自己的主张行事的重要行动者。”（易高峰，2013）从这两大定义来看，我们可以发现，它们都强调创业型大学在于开展一种新的业务或者创建新的组织，“创新”是其一大关键点，我们似乎没有看到定义中对创业机会的强调。在笔者看来，创业机会的把握是一种过程，其包含在新组织或新业务的创建之中。因此，这两大定义与“创业”的含义并无矛盾之处。

但细细品味，我们不难认识到，埃兹科维茨和克拉克的定义分别指向了两种不同类型的创业型大学。克拉克的研究主题是大学作为一个组织的转型问题，其以那些具有变革精神并着手进行改革实践的高等教育机构为研究对象，考察大学如何实施变革以适应外部环境的变化。创业型大学是为应对环境变化而采取大胆的革新行为并最终取得明显成效的大学，内部的革新是关键，这类创业型大学被称为“革新式”大学，以英国的沃里克大学为典型。埃兹科维茨的研究主题则是大学如何发挥自身在知识创造和人才聚集方面的优势，直接服务于经济和社会的发展问题，其以麻省理工学院（MIT）、斯坦福大学这些世界一流的研究型大学为研究对象。在埃兹科维茨的研究语境中，创业型大学“以提高国家的竞争力、生产率以及国家和民族的创业创新精神为己任，以提高国家和地区的经济实力和水平为目标。创业型大学在为国家利益服务、具体承担经济发展任务的同时，给大学的传统职能赋予新的内容和形式，在社会经济活动中更大地发挥大学参与和大学引导的先锋作用”。这类创业型大学被称为“引领式”大学，以 MIT 为典型。

三 创业型大学与其他类型大学的区别

当前，在我国高等教育领域中，除了“创业型大学”这一概念，还存在“企业型大学”“创新型大学”“研究型大学”等概念。这些概念非常容易混淆，我们有必要对这些概念进行辨析，从而进一步明确“创业型大学”的类属性质。

1. 创业型大学与企业型大学

“企业型大学”这一概念的产生，正如我国研究者易高峰（2013）提到的那样，很大一部分原因在于对“entrepreneurial university”的不同翻译。当然，这反映出研究者的不同理念。我国部分研究者认为“创业型大学”与“企业型大学”是同义的。有学者还把创业型大学的“创业”定义为直接参与研究商业化的行为，认为创业型大学如同企业一样运作。此外，有一些研究者认为“企业”一词既涉及了建立机构名望的需要，也涉及了对收入的关注，可以说同时抓住了经济方面和学术方面，因此，他们选择用“企业型大学”这个概念。

本书认为易高峰（2013）的观点还是比较中肯的。在他看来，很明显的一点是，创业型大学一定不是完全如同公司一样的组织，因为创业型大学必然不只是以获取经济和社会效益为目的的，它要通过创业所产生的经济、社会收益反哺教学和科研。当然还有更为重要的一点是，创业型大学注重培养学生的创新创业精神。

2. 创业型大学与创新型大学

关于“创业型大学”和“创新型大学”这两大概念的讨论，当前存在不同的看法。我国研究者张金萍（2008）在梳理了不同学者对“创新型大学”的内涵界定后，认为目前国内学术界对“创新型大学”与“创业型大学”的概念区分非常模糊。她进一步指出，从二者的概念内涵上来看，“创业型大学”与“创新型大学”是同一个事物，只是在表述上存在差异。张金萍主要基于这样一个视角来阐述她的观点：给“创新型大学”一个明确的定义不是最重要的，重要的是要明确创新型大学与研究型大学间的特征差异。在这一前提下，她从各个方面对“创新型大学”的特征进行了说明和分析。总体上，张金萍认同我国学者陈彬等（2002）的观点，即认为创新型大学是在研究型大学基础上发展而来的。它不仅具有研究型大学的特征，同时还突破了研究型大学“纯科学”研究的局限性，拥有与众不同的特质。具体而言，这些特质包括以下方面。

第一，在组织结构方面，创新型大学应该拥有一支敢于创新的团队。创新团队以创新为目标，有重大科研项目和良好的工作基础和实验室条件，主要在领域前沿从事基础研究和应用研究。该团队集中了一批真正对研究和教学有特殊偏好、具有创造力、能做出原创性研究成果的学者（李慈章和肖云龙，2005）。

第二，在体制方面，创新型大学应该实现科技经济一体化。创新型大学能把研究出来的成果迅速投入生产，转化为经济效益。在知识经济时代，创新型大学的体制高度灵活，它将进一步与经济联系起来，使大学的社会服务功能得到更好的发挥。

第三，在行为特质方面，创新型大学应该是自主创新、自主创业的。这是创新型大学区别于其他高等学校的重要标志（吴宏亮，2006）。自主创新不同于移植创新，自主创业也不同于合作创业。自主创新和自主创业从学校本身出发，进行原创性的创新和创业，这比在别人的基础上进行创新和创业更具有竞争力。

从这些表述来看，创新型大学和创业型大学的概念确实存在着很大的共性。然而，易高峰（2013）很直截了当地指出，“创业型大学”与“创新型大学”不同。他首先在克拉克的著作《建立创业型大学：组织上转型的途径》（*Establishing Entrepreneurial Universities：Ways to Transform*）中找到了依据。他认为，克拉克选择“创业型”而不是“创新型”作为著作中的重要概念，是因为“创业型”更有力地表明导致改变组织姿态的行动。他还认为“创新型大学”并不是一个内涵、定义明确的学术概念，是在全球化的大背景下，在科技、人才竞争更为激烈的现实环境下，各国为建设创新型国家而对强调创新能力建设的大学的总体称谓。换言之，“创新型大学”更像是一个政治性概念。

在本书看来，“创业型大学”和“创新型大学”的概念确实较难辨析。首先，“创业”与“创新”这两个概念的关系就很难界定清楚。当前学界往往会将“创业创新”作为一个整体性的词汇使用就是一个很好的证明。“创新”的内涵似乎比“创业”更广泛，但不能否认的是，“创新”又是“创业”的核心要素之一。不过，至少在定义上，“创业”及“创业型大学”的界定要比“创新”和“创新型大学”来得更为明晰。由于这些概念都是舶来品，翻译尚未统一，研究者对其理解不同是很正常的现象。但是，为了更好地研究，学术界还是有必要对一些重要的概念和定义进行澄清。

3. 创业型大学与研究型大学

创业型大学与研究型大学的渊源颇深。正如上文所提到的，埃兹科维茨的研究就是基于对多所世界一流的研究型大学进行案例分析来开展的。研究型大学与创业型大学存在一定的共性。例如，从社会职能方面看，研究型大学是“以创新性的知识传播、生产和应用为中心”的大学；从组织目标方面看，研究型大学是“以产出高水平的科研成果和培养高层次精英人才为目标”的大学；从办学水平方面看，研究型大学是“在社会发展、经济建设、科教进步、文化繁荣、国家安全中发挥重要作用”的大学（邹晓东和吕旭峰，2011）。这些同时是创业型大学所具备或者说应该具备的。创业型大学可以在研究型大学的基础上茁壮成长起来，因为研究型大学在人力资源和其他资源上具有一定的优势。应该说，“创业型大学”和“研究型大学”存在着千丝万缕的联系。

但是，“创业型大学”和“研究型大学”毕竟是有差异的。首先，基于研究型大学的创业型大学，它同时具备研究型大学的特征，反之并不成立。研究型大学注重交叉学科平台的建设，重视学科的综合集成发展，其研究成果确实具有一定的商业化潜力，并能在一定的条件下转化为商业化的产品。但正如埃兹科维茨所提到的，“研究型大学缺乏将学术要素和商业要素整合成新的组织模式的能力”（埃兹科维茨，2005），而这恰恰是创业型大学的重要特色，因此也成为研究型大学和创业型大学的一大重要区别。其次，创业型大学还能对国家利益和国家目标做出最敏锐的反应，能在大学、企业和政府的“三螺旋”结构中发挥独特的作用，如发展高科技、催生新产业等。但并不是所有的研究型大学都愿意使其研究迎合社会经济的需要，都能够自觉承担为国家或地区经济发展服务的职责。如果从传统的世界一流的研究型大学出发，我们不难发现，这些大学可能更为注重大学的独立和自我管理，强调大学与社会的距离观念。创业型大学自然一样注重自我主导，但毋庸置疑，它们已经无法再与社会、企业等割裂开来了，甚至它们将以一种主动的态势，积极融入社会中。

四 创业型大学的性质

在进行了“创业型大学”与“企业型大学”、“创新型大学”和“研究型大学”的概念辨析后，我们有必要对创业型大学的类属性质做一个说明。

1. 创业型大学不是研究型大学的特权

这一问题是承接上文“创业型大学”和“研究型大学”的概念辨析展开的。在上文中，我们已经谈到，我国有些学者认为创业型大学是研究型大学的专利。这反映了国内一些学者在研究这一问题时，还存在一定的认识偏差。的确，在美国，研究型大学具有转换为创业型大学的某些优势，在中国或许也是如此；然而在欧洲，一些处于边缘地带的大学因为创业型的尝试也发生了巨大的改变，上演了麻雀变凤凰的好戏（钱佩忠和翁默斯，2012）。

再回到概念本身来，我们不难意识到，创业型大学与研究型大学不属于同一个概念群，研究型大学往往和教学型大学、教学研究型大学一起，作为传统大学的三大类型。而传统大学的三分法事实上是从“教学与研究的关系”这一问题出发的。显然，创业型大学并不是在这一个标准下的产物。

2. 创业型大学不是唯一的模式

马陆亭曾指出，中国教育容易形成共同的认识，如分层次办学理念提出后，现在大家都讲分层次办学；现在一讲规模效益，规模就都成巨型的了；讲通识教育的优点，大家就都搞通识教育了，不敢再提专才教育，怕别人说理念落后（朱振国，2006）。大学办学趋同化的现象，将成为我国建设创业型大学过程中难以避免的问题。创业型大学一旦泛滥，就无法成为一种特色化的选择。创业型大学不是也不应该成为所有高校的共享模式。不是所有的大学都愿意承担创业型大学的责任，同时，也并不是所有的大学都适合转型为创业型大学，从而承担起相关的职责。这意味着预转型的大学组织将受到一定门槛的限制，当然，创业型大学的门槛是需要预先建构的。

五 创业型大学的特征

克拉克（2007）认为，衡量一所大学是否为创业型大学，需要看它是否具备以下五个方面的特征。一是知识资本化（knowledge capitalization）。知识资本化使作为发展和传播知识机构的大学在社会中起着越来越重要的作用。二是相互依存性（inter-dependability）。创业型大学不是象牙塔，而要与其他机构（如政府等）

密切联系，相互依存。三是相对独立性（independability）。创业型大学是一个相对独立的社会学术机构，既不在政府掌握之下，又不在产业控制之下。四是混合形成性（hybridization）。创业型大学只有生成一些混成组织形式（如研发中心、孵化器、科技园等），才能同时实现“相互依存性”和“相对独立性”这两大目标。这两大目标之间存在张力，消除这种张力是产生新混成组织的动力。五是自我反应性（reflexivity）。创业型大学处于不断的调整、变化与发展之中，其内部结构有一个持续不断地更新。埃兹科维茨也赞同克拉克的观点，他还进一步指出了创业型大学的四大支柱：一是学术带头人能够形成和实施自己的战略构想；二是具有通过授予专利、颁发许可和孵化等方式进行技术转移的组织能力；三是在管理人员、广大师生当中普遍存在着创业精神；四是能对大学资源包括大学建筑物等物质财产和来源于研究的知识产权等，进行合法控制（向春，2008）。

六 创业型大学的目标

创业型大学的目标主要是运作“学术资本主义”，服务经济发展。对于一所大学而言，最重要的莫过于两项生产：“人才生产”与“学术生产”。就创业型大学来说，在“人才生产”方面，创业型大学强调培育学生的创业精神和创新意识，借用蒂蒙斯的术语，即要将“创业遗传代码”渗透给学生；在“学术生产”方面，创业型大学更侧重实用性，强调知识的经济效益，以此来反哺大学的学术生产，这就是斯劳特所提出的“学术资本主义”的运作（钱佩忠等，2012）。

埃兹科维茨（1999）认为，创业型大学是大学延续中世纪保存和传播知识的机构进而发展为创造新知识，并将其转化到实际应用中去的多功能机构。通过培养学生的创业能力，创造知识、转让技术，并直接参与和服务创业活动，创业型大学直接服务于经济和社会的发展。总之，知识的实际运用以及对社会经济发展的直接服务是创业型大学的一大组织目标。这种观点在上文已被多次提及，不再赘述。

第二节　区域特色创业型大学建设的现状

创业型大学这一概念随着创业教育的推进也逐渐进入人们的视野中，并成为高校转型和发展的重要方向。这一概念的传播和推广并不是偶然的，而是符合社会和人民群众的现实需要和利益要求的。就业是民生之本，劳动是谋生手段。2008 年的金融危机使我国经济受到了严重的打击，经济增长速度下降、生产总值减少，劳动力市场也受到了巨大的冲击，不少人面临失业危机。鉴于此，我国政府坚持推行积极的就业政策，两手抓自主创业和自谋职业，并引导人们观念的转变，鼓励更多创业型人才的出现。而担负人才培养重任的大学也要根据社会发展的新要求，及时调整人才培养目标和内容，努力培养出更多创业型人才。这为创业教育的传播推广提供了良好的基础和有利的环境，并进一步催生了创业型大学。

在思考创业型大学的特点和优势时，区域特色是人们经常谈及的重点之一。区域特色是创业型大学建设的基础和源泉，而创业型大学的建设又能够进一步丰富和发展区域特色，两者相辅相成、关系密切。在科学技术日新月异、知识经济迅速发展的今天，我国越来越重视具有区域特色的创业型大学的建设。然而，与西方发达国家相比，我国创业教育起步晚、发展慢，创业型大学的建设也远远落后于西方发达国家。因此，本节首先介绍我国建设蕴含区域特色的创业型大学的探索与实践，随后论述西方部分国家在这一领域的经验。

一 我国区域特色创业型大学的探索与实践

我国大学在发展过程中，从原来的文科学院、理科学院到后来的综合性大学和研究性大学，再到现在的创业型大学，经历了一个巨大的转变。这一转变与经济转型有关，与劳动力市场变化有关，也与人们思想观念的变化有关。原先的劳动密集型产业逐渐被新兴技术产业所取代，劳动力市场的过度饱和使得不少学生面临找不到工作的危机，自主择业观也逐渐被自主创业观代替。在这一背景下，我国的创业型大学逐渐崛起，并致力于通过相关创业教育为我国经济社会的发展输送具备创业能力的人才。然而这些创业型大学并不是凭空建设的，其产生和壮大离不开所属区域的支持和帮助，并且在发展过程中深受区域特色的影响，被打上了区域的烙印。这些创业型大学在成功建成后，又可以通过为区域培养创业型人才来“反哺”区域——增加区域 GDP、提高局域经济竞争力、增强局域投资吸引力等，从而巩固甚至重塑区域特色。下面以我国部分高校为例，具体分析蕴含区域特色的创业型大学的建设。基于地域及特色考虑，选择温州大学为例；基于现代农业代表考虑，选择浙江农林大学为例；基于综合型大学考虑，选择福州大学为例。前提是它们都是开展创业型大学建设卓有成效的高校。

1. 温州大学的创业型大学建设实践

温州作为中国商业文化的发源地之一，有着历史悠久的经商传统和值得钦佩的创业精神及不怕吃苦的不屈毅力。在当今时代，温州仍然是中国东部重要的商业城市之一，温州商人依旧在全国各地洽谈生意。坐落于这样一个商业中心，温州大学在向创业型大学的转型上有着得天独厚的优势和殷实丰厚的资源，并带有注重实业和创业的区域特色。在发展过程中，温州大学已经形成了“以人为本、质量立校、服务地方、特色取胜、追求卓越”的办学理念，以及“秉承温州精神、开展创业教育、培养创业人才”的办学特色。此外，其人才培养目标是培养具有创新精神、创业能力和社会责任感的应用型人才（蔡袁强，2012）。从温州大学的办学理念、办学特色及人才培养目标中，我们可以看出这所大学基于区域特色，十分重视创业型人才的培养，力求通过为区域培养创业型人才来推动区域经济社会的发展。在这种目标和方向的指引下，温州大学开启了建设创业型大学的新旅程。

首先，从专业结构来看，温州大学将创业传统和区域特色纳入专业课程体系当中，开设了具有区域特色的学科。这些课程能够帮助学生在充分了解地方特色的基础上掌握创业知识和技能，使其通过学习获得理论知识、文化传统、历史经验及工作技能。这种区域针对性极强的专业培养模式有利于培养出能够直接服务于区域经济发展的应用型人才，从而提高教学效率，提升教学效益。具体而言，伴随着全国性的产业结构调整升级，温州大学在充分考虑浙江省和当地实际情况的基础上，加大了对专业学科的整改力度。为了适应新经济形势下劳动力市场对高素质、高技能人才的需要，该大学将原有的相近学科专业合并、改造并开办新的迎合市场需求的专业学科，实现学科专业结构的优化升级。这一调整改造使得温州大学的专业结构得到完善并已建成 1 个国家级人才培养模式实验区、2 个国家级特色专业建设点、3 门国家级精品课程及 12 个浙江省重点建设专业（蔡袁强，2012）。

构建蕴含区域特色的创业型大学的应有之义即根据社会需要办学，根据劳动力市场对人才的要求开设相关课程。并且，伴随着经济社会的变化发展，大学也要相应地调整、改造和升级原有的学科专业结构以及时适应社会新需要。

其次，从教师队伍来看，温州大学将“走出去”与“引进来”相结合，通过实施“双百”人才联动计划来培养一批兼具理论知识和工作经验的优秀教师。我国当前创业教育实施和创业型大学建设的一个关键在于培养具有创业精神和创业能力的教师，只有具备创业理论和能力的教师才有可能培养出创业型人才。为此，温州大学实施“走出去”计划，让学校教师进企业等一线实业基地深入观察和研究创业过程，并通过开展企业咨询、技术支持和课题合作等方式来开展校企合作，实现产、学、研相结合。这一计划有利于培养出具备创业创新精神和能力的高素质教师。除了“走出去”计划，温州大学也通过“请进来”计划邀请来自各行各业的优秀代表们到学校开展讲座，为学校师生提供最为直接、切实可行的一线经验。这些业内人士不仅仅向学生传授知识经验，还亲自参与到学生的创业、实习等具体培养过程中，为学生提供专业指导和合理建议。

教师担负着传道授业解惑的使命，是创业型大学建设的主要承担者。优秀的教师队伍是大学质量的根本保障，因此温州大学格外重视教师队伍的建设，通过

“走出去”和“引进来”计划为学生提供最为全面、丰富的教师资源，确保学生能够真正拥有创业能力。

2. 浙江农林大学的创业型大学建设实践

2010 年，浙江农林大学将生态性创业型大学确立为学校的建设新目标，这与学校所处的临安地区的区域特色有着密切的关系。与温州大学所处的温州类似，临安也是一个民营企业众多的商业城市。但是该市又具备其独特的地方特色——森林覆盖率高达 74.9%，是首批全国生态建设示范市，拥有“国家级生态市”“全国绿化造林先进县”“生态科技市”等称号，并两次跻身“全国农村综合实力百强县（市）”行列。这种极具农林特色的区域特征使得浙江农林大学在向创业型大学转型过程中被打上了“生态性”的区域烙印。其农林动物专业在全国处于领先地位，这为学校向生态性创业型大学的转型奠定了良好的基础。为了响应国家生态文明建设的号召，同时结合自身优势和区域特色，浙江农林大学提出到 2020 年把学校初步建设成为国内知名的生态性创业型大学（仲晓婷和曹渊，2011）。由于该校创业型大学的建设还处于探索阶段，因此下面的主要关注点在于其创业型大学理念的宣传推广。

为了推广生态性创业型大学这一理念，浙江农林大学采取了对内宣传和对外宣传两种策略。首先从对内宣传来看，学校充分利用新旧媒体搭建宣传平台：通过校园网等媒体来为全体师生及时提供最新最全的有关创业型大学的理念知识。网络的时效性强、覆盖面广、信息量大、使用率高，是理念宣传的极佳平台；广播、校报等作为师生常见的宣传媒介，也能够在学校范围内传播创业型大学理念。除了这些声像媒介，学校还充分利用演讲、征文等传统活动来调动师生学习新理念的积极性。这些媒体、活动都是灵活多变但又缺乏系统性的宣传手段，不能够完全承担理念宣传的使命。为此，农林大学特别开设了“创业大讲堂”作为理念宣传的主力军。在考虑师生现有知识水平和最新需要的基础上，通过定期邀请相关教师、创业校友及企业代表开设讲座，来为全校师生系统、全面、科学地普及有关创业型大学、创业理论等的知识。

其次从对外宣传看，互联网、手机新闻等新媒体是一个行之有效的宣传手段。通过在网上发起有关创业的投票活动来引起网络用户的关注，从而起到推广创业型大学理念的作用。除了网络的使用，品牌的树立也是重要的宣传策略。品牌效应能够在短时间内迅速吸引社会众多人士的关注，因此浙江农林大学努力打造具有本校特色的创业品牌来提高社会知名度。这些创业品牌是学校办学理念、办学特色和人才培养目标的具体体现，反映了学校对生态性创业型大学建设的重视。人们在接触到学校推出的创业品牌后便可进一步了解有关创业型大学的理念。

理念的宣传并不等于目标的实现，但为后期实践打下了良好的基础，营造了良好的社会、学校氛围，赢得了学校师生和社会人士的通力配合。俗话讲，“磨刀不误砍柴工”，要想建设创业型大学，首先要使得创业型大学这一理念深入人心，从而起到事半功倍的效果。

3. 福州大学创业型大学建设实践

位于东南沿海的福州大学，主要服务于海西产业经济圈的发展。前文提到的温州大学和浙江农林大学都是为了更好地满足区域经济发展需要而着手创建创业型大学，福州大学则是因为无法满足现有经济发展的需要而决定向创业型大学转型。面临学生创新能力弱、优势学科不足、对区域发展贡献率低等问题，福州大学于 2008 年提出了全面建设区域特色创业型东南强校的目标。为了适应海西经济发展的需要，学校在学科布局、课程体系、学校文化等方面进行了调整：学科布局全面迎合市场需要，课程体系与创业创新接轨，学校文化纳入创业精神和创业文化。这些整改措施有利于该校向创业型大学的转变及其为区域发展服务功能的增强。

“学校以 48 个国家级、省级科技创新平台为依托，以服务海西产业升级发展需要，在技术研发协作、科技成果转化、科技中介服务和科技资源共享等方面，加快推动海西企业技术创新和产业集群的形成。”（林锈戎，2012）福州大学在向创业型大学转型的过程中，可以充分发挥区域优势，利用区域资源，不断增强学校的创业创新能力。与此同时，学校实力的提升也为其更好地服务区域经济发展的需要提供了保障。这是学校和区域双赢的一种选择。此外，为了增强其对区域的反哺能力，福州大学重点发展对海西地区发展具有重要辐射和刺激作用的高新技术，帮助海西地区实现产业结构的调整和升级。2008～2011 年，学校获得 3000 多项资助项目，经费高达 6 亿多元，并且“已在信息、生物、新材料、新能源、环境与资源综合利用等领域形成一批对海西产业发展具有重大带动作用、具有相对优势和自主知识产权的核心技术、关键技术、共性技术和配套技术”。（林锈戎，2012）区域创业型大学建设的目标之一就是为区域经济发展服务，因此评估区域创业型大学的建设成果的标准之一是看学校能否掌握对区域创业经济发展有重要影响的核心技术。以此标准来看，福州大学已然在创业型大学建设上取得了不小的成就。

除了提供技术支持来推动区域经济发展，区域创业型大学的另一个重要使命是为区域培养具有创新意识和创业能力的人才。基于此，福州大学致力于在更广范围、更高层面上开展校企合作，将之作为学生创业能力培养的重要“温床”。学校已经与联想集团等多家企业形成“预创业人才培养模式”、“新楚创业助力工程”和“预就业人才培养模式”等，以此来为学生搭建广阔的创业平台。此外，学校还通过与企业联合创办学院的方法培养各行各业的创业创新型人才。例如，与福建省交通运输控股集团合作开办了八方物流学院，以此来培养高水平的物流人才；与紫金矿业集团合作开办了紫金矿业学院，用于培养地质、采矿等矿业类型紧缺人才等。大学生创业活动的开展也为创业型大学的建设添砖加瓦。

学校处于一定的社会环境中，其发展过程也深受区域特色的影响。在学校发展面临困境时，应该充分利用区域优势，转变学校发展模式，创办具有区域特色的大学。这样一方面能使得学校的面貌焕然一新；另一方面也能更好地推动区域经济的发展。

二 国外区域特色创业型大学的探索与实践

上文提到的温州大学、浙江农林大学和福州大学是国内建设区域特色创业型大学的比较成功的案例。然而我们不能忽略的是，我国的创业教育和创业型大学建设起步晚、阻碍多，目前仍面临不少问题。因此，秉持着“他山之石可以攻玉”的想法，我们需要了解国外在创业型大学建设上的一些成功案例，并从中归纳总结出对我国有用的相关经验。

1. 德国慕尼黑大学的创业型大学建设实践

慕尼黑大学是德国高质量理工科大学的代表之一，于 21 世纪明确提出了创办创业型大学的办学目标。该校有着传统的“教研相结合”及“师徒制”的培养传统，用以培养精英人才。但是面临经济社会发展的新需要，以及学校自身实力增强的需求，慕尼黑大学开始思考向创业型大学转型，并出台了相关措施。

首先是教学内容和教学方法。继“洪堡革命”提倡教学与研究相结合之后，“现在，教学活动又受到第二次冲击，它被要求必须让学生在‘真实世界环境’中运用和检验他们的学术知识，以解决实际问题为内容的教学成为创业型大学的重要课程特色”（李世超和苏竣，2006）。为了锻炼学生解决实际问题的能力，慕尼黑大学将课堂教学变成讲座、练习、研讨和实验、实习相结合。除了日常教学，研究和实训等内容占据总学时的 30%以上，以确保学生有充足的实战机会。这一做法不但能够让学生获得动手操作经验，还能挖掘其科研创新能力。慕尼黑大学十分看重学生科研能力的培养，并认为这一能力对于学生以后的创业工作有着重要的影响，因此在本科阶段就提倡优秀学生进入学校的科研工作中，并通过与校外研究机构如马普协会、弗朗霍夫协会等开展合作来为学生提供实践实习的机会。这一合作为学生提供了实验室、实习医院、工厂等场地进行学习与研究。

其次，慕尼黑大学在建设创业型大学的过程中也融入了区域特色，充分利用了区域优势。学校所处的慕尼黑是德国著名的工业城市，拥有多家知名企业。学校可以充分利用区域优势，与企业开展形式多样的校企合作，为学生提供宝贵的实习机会。如学校已经与麦肯锡公司、英特尔公司等大型公司建立了良好的共同培育关系，通过位于美国硅谷的创业体验以及管理科学学习等方法让学生接触一线创业工作，锻炼其创新创业能力。此外，学校还将企业界具有多年实践经验的优秀代表们聘任为教授来亲自为学生传授创业经验。这些教授包括林德副官长沃尔夫冈·拉茨勒（Wolfgang Reitzle）、大众汽车副官长贝尔恩德（Bernd Pischestrieder）以及宝马公司监事会主席乔基姆·米尔贝格（Joachim Milberg）等众多行业巨擘。

慕尼黑大学的成功经验在于将教学与科研和产业相结合，以及利用区域资源开展深度融合的校企合作。一方面增强了学生的科研创新能力；另一方面培养了学生的实际操作技能，从而培养出具备创业能力的学生，实现向创业型大学的转变。

2. 芬兰阿尔托大学的创业型大学建设实践

2008年6月，以“创新”为特色的芬兰阿尔托大学成立。这一大学在成立之初曾先后使用“顶级大学”和“创新大学”命名，其中蕴含着芬兰对建设世界一流创业型大学的渴望。这所学校并非凭空而建的，而是由芬兰的三所学院——赫尔辛基理工大学、赫尔辛基经济学院及赫尔辛基艺术设计大学合并而成的。这三所学院是理工、经济和艺术领域的权威学府，拥有百年的历史和非凡的实力。这种强强联合的建校模式为阿尔托大学向世界一流创业型大学迈进奠定了良好的基础。

作为一所创业型大学，阿尔托大学的师资主要来源于工业界和商业界的相关从业人员。例如，创意与文化产业学院（包含艺术设计、影视制作、数字动画、服装设计、音乐）的教师，70%以上是艺术设计师、导演制片人、视觉传达、动画设计师等。商学院的教师，多数是企业的总经理、会计师、金融师、市场营销、人力资源、国际贸易经理等。工程与信息学院的教师，多半是汽车、航空、电子通信、计算机工程师（任之光和张志旻，2012）。由此可见，芬兰是倾全国之力来开办这样一所创业型大学。我国在创业型大学建设过程中主要是将区域特色融入其中，而芬兰作为欧洲一个国土面积小、人口稀少的小国，其创业型大学在创建过程中被打上了国家特色的烙印。从阿尔托大学的师资队伍不难看出，该校十分重视一线经验的直接传授，着力培养学生的实际创业经验和工作技能。

除此之外，阿尔托大学还开设了设计工厂来为师生搭建一个“基于激情的创新平台”。这一平台不仅为学校不同学科的师生提供了一个进行创业创新设计的场所，还为企业、大学以及其他社会成员之间的共同合作教学、研究提供了可能。在这样一个平台上，学生可以采用新的产品、新的服务理念、新的技术手段等，真正将所学的创业创新知识和想法付诸实践。

纵观阿尔托大学的创立，“创业”是该校的主旋律，从办学目标、师资队伍、教学方法到培养模式，无一不渗透着创业创新的思想内涵。并且这种发动各行各业力量来办学的方法也利于整合行业优质资源，为学生提供最好的教学体验。

3. 美国麻省理工学院的创业型大学建设实践

谈及国外创业型大学的创建，就不得不说到美国的麻省理工学院。这所大学不仅是举世闻名的高等教育学府，还是一所世界领先的创业型大学。在创校之初，创始人罗杰斯就提出要将技术教育放在首位，同时兼顾人文和科学教育，这也为麻省理工学院最终走向创业型大学奠定了基础。它位于美国波士顿地区，该区的咨询业和金融业发展成熟，许多著名公司都选址于此：波士顿咨询公司、富达投资集团（Fidelity Investment Group）、新百伦（New Balance）、千禧年医药及霍顿·米夫林出版社等。因此学校在发展过程中，也充分将这一区域特色纳入其中。

考虑到地区咨询公司众多的特点，学校学术委员会制定出了“五分之一”原则，即在职教授在一周之内可以将一天的时间用于公司咨询。这些教授都是顶级的工程师，他们能继续为企业工作，能帮助学生找到工作或者进行创业，同时又能在学校开展科学研究工作。这些由行业领导者组成的教师队伍为学生创业提供了优质的指导资源和一线的实战经验，提高了学生成功创业的可能性。

此外，该校还有不少组织机构用于推进学生创业活动。创业中心（MIT Entrepreneurship Center）为在校师生以及校友提供技术支持、资源帮助、网络服务和项目培训等，从而推动创业活动的展开与发展；企业论坛（Enterprise Forum）帮助建立技术导向型企业并在建立后为这些企业提供信息服务；技术认可办公室（Technology Licensing Office）通过对知识产权的认可扩大研究为基础的发明和发现的投资，这一办公室的设立也能在很大程度上激发学生发明创造的欲望和兴趣；工业联络项目（Industry Liaison Program）帮助世界闻名的公司在学校内寻找合适的专家、资源等，这也为学生参与到世界顶级公司项目提供了可能。除了开办有形的创业活动，麻省理工学院也十分看重创业氛围的形成和创业精神的养成。学校鼓励学生拥有企业家精神，在100K美元创业比赛中，几乎每年都会有新企业诞生，与此同时许多创业计划也会被附近的高新技术企业所购买（冒澄，2008）。

麻省理工学院在创设之初便以创业型大学为目标，并且在发展过程中充分利用区域的优质资源，积极为当地企业发展服务，吸引顶尖公司前来与学校建立合作关系。此外，创业文化的形成也是推动学校向创业型大学迈进的无形动力。

第三节　区域特色创业型大学的构建启示

归纳总结国内及国外的区域特色创业型大学这些成功案例的共同特点，可以得出对我国建设蕴含区域特色的创业型大学的几点启示，概括而言就是“三层面三结合三推进”：三层面即政府、社会、高校；三结合即结合区域精神、结合产业、结合学科；三推进即政策、资金、平台上的推进。

一　政府、社会、高校协同推进区域特色创业型大学建设

1. 政府层面

政府作为国家权力的执行机关，拥有政治、经济、文化、服务等职能，其中文化职能中有促进国家教育文化发展的职能。在推进区域特色创业型大学建设的过程中，政府可以从以下几方面入手。一是要凝练区域精神特别是创业精神。每个区域都有自身经过长期沉淀形成的创业文化精神，但是如果不加以凝练提升，就容易流失掉。在这方面，政府、社会、高校都可以从自身的视角来凝练区域创业精神。政府层面，要立足当前我国的现状。在我国大力推进“大众创业，万众创新”大背景下，在创新创业教育如火如荼地开展之中，各种资源都快速地集聚到创新创业方向。政府部门更要发挥政府主导作用，对所在区域的创业精神加以提炼，营造浓厚的创业文化氛围。二是要出台政策支持高校开展创业型大学建设。政府的政策引导是高校建设的指路灯，政策上要给予支持，比如可以出台鼓励高校开展创新创业教育的政策。近年，国家层面也出台了系列推进高校创新创业教育的文件，在一定程度上促进了高校的发展。但是在地方高校层面，推进创业型大学建设的力度还是不够的。三是要搭建创新创业发展平台。国家层面 2017 年一直在推进国家大学科技园的建设。国家大学科技园是以具有较强科研实力的大学为依托，将大学的综合智力优势资源与其他社会优势资源相结合，为高等学校的科技成果转化、高新技术企业孵化、创新创业人才培养、产学研结合提供支撑的平台和服务的机构。建设和发展大学科技园是党中央、国务院的一项重要战略决策，10 年来，科技部和教育部联合启动的大学科技园建设工作，开创了一条中国特色大学科技园发展之路，在服务经济社会发展和创新型国家建设中取得了显著的成绩。截至 2017 年 10 月共建立了 115 家国家大学科技园。被依托的高校在一定程度上也促进了依托高校的创业型大学建设。

2. 社会层面

社会层面在推进创业型大学建设方面可以从以下几方面入手。媒体可以营造浓厚的创新创业氛围，至少地方新闻媒体要在本区域内营造好创新创业的氛围，宣传典型，实现以点带面的效果。社会组织可以依托自身的优势与特点，与高校合作举办各类创新创业类大赛或活动，促进高校创新创业工作发展。现在是自媒体时代，社会公众可以发挥更大的作用，营造浓厚的创新创业氛围。企业行业可

以根据自身的产业情况，谋求与高校的对接，促进高校的产业转化等。只有全社会都动起来了，才能更好地促进区域创业型大学的建设。

3. 高校层面

区域创业型大学的建设，高校是主体。首先，高校自身要有清晰的认识，目标定位要准确，如浙江农林大学就明确提出要建设创业型大学。其次，推进要有力度。高校就是一个小社会，高校中存在教学线、学工线、组织线、文化线、科研线、社会服务线等，如何将大家的各个资源整合到一起，实现合力促进区域创业型大学建设，这是关键。只有思想上统一了，才有行动力。这就要求高校领导要统一思想，统一认识。但是目前，在我国高校中存在的思想对创业型大学不认同，觉得高校就是学术高地、研究高地，跟创业是两回事。这是目前普遍存在的误解。统一全校的思想观念与认识很关键。最后，学校出台政策、分配经费以及给予支持的时候，要有所倾斜，对创新创业要加大支持力度，助推创新创业氛围的形成。

二 结合区域特点优势助推创业型大学

大学一般都坐落于某一个地区，大学在发展过程中深受地区的文化、经济、社会等的综合影响，构建创业型大学与相应的地区是密不可分的。结合区域特点优势构建创业型大学可以从以下几方面入手。一是挖掘区域创业文化与高校的对接点。区域创业文化本身就存在于该区域，如何实现与高校的对接是关键。高校层面可以邀请地方上的企业家、学者、政府官员入校宣讲地方文化；政府层面，可以将区域创业文化活动给高校来承办，等等。诸如此类的对接，只有地方与高校多联系多接触才能促进双方的交流与合作。二是结合地方产业特点推进创业型大学建设。每个地方都有自己的优势产业，我国许多大学特别是地方高校，根据地方产业而建，构建创业型大学有丰富的土壤。在这里，还有一点要说明的就是，前文也提到过，创业型大学不是研究型大学的特例，不都是研究型大学产业化后形成创业型大学。有很多高职院校，从某种程度上说更容易成为也更应该成为区域特色创业型大学。高职院校完全立足地方的产业发展，紧扣产业发展前沿，又牢牢紧扣地方特色文化。例如，温州职业技术学院结合温州人创业精神的同时，结合温州制鞋业、轻工业、服装设计等建立产学研创一体的创业平台，整个学校已然是一个创业综合体，更是创业型大学。温州科技职业学院结合现代农业发展，建立了种子种苗科技园，打造以现代农业创业为特色的创业型大学。三是结合地方地理环境、社会环境等地域因素来推进创业型大学建设。地理环境造就地方文化，地方文化助推高校文化。社会环境影响着人们的行为、思维方式等，这些都是促进创业型大学发展的必要条件。因此创业型大学建设的过程中也必须考虑多方面因素，更要充分利用这些有利因素。

三 产学研创结合助推创业型大学建设

在构建具有区域特色的创业型大学的过程中，需要将区域特色产业、大学教学、研究和创业深度融合，充分发挥协同作用。区域产业与大学园区是进行创业教育的主要场所，研究与创业是创业教育的主要内容，这又共同构成了创业型大学的重要因素。无论是慕尼黑大学、阿尔托大学还是麻省理工学院，都十分重视与企业的通力合作以及共同进步，并且将校企合作推到了更深更广的领域。通过校企合作，不仅学生得到了实习锻炼的机会，企业也能够得到咨询建议和技术支持等，从而实现学校与企业的双赢。这对于校企之间建立长久的、稳定的良好合作关系至关重要。并且，国外创业型大学与企业的合作不仅仅局限于企业为学生提供实习机会和学校为企业解决经营问题，还包括科学研发、技术创新、经营理念更新、创业创新实验等更深层次的研究合作和创业实践。

反观我国，虽然也有校企合作，但当前主要局限于职业学校与企业之间的低层次的合作，还没有上升到大学与企业之间的高层次的共赢式合作。因此，我国在构建蕴含区域特色的创业型大学中，应该与区域特色产业建立更加深入的合作伙伴关系，并且不断创新合作形式，更新合作内容，根据企业发展需要和学生创业需要及时调整合作重点。各大学应在充分利用区域产业优质资源的基础上，开展研究工作，不断提升学生的科学研究实力和将理论想法付诸实践的能力。举例来说，大学可以建立科技园区用于大学生自主创业的实践。通过政府投资、企业指导和学校主办来为大学生创业创建一个良好的环境氛围，保证大学生可以在科技园区中将自己的创业想法科学、合理地付诸实践。如何实现“产学研创”结合，可以从以下几方面入手。一是政策上是给予支持鼓励，国家层面已经出台了系列鼓励科技人员创业的政策，高校和地方应该出台一系列配套政策，真正实现产学研创一体化的目标。二是科研导向上要改变，改变传统向国家拿大项目的思路，科研要更加接地气，要与产业对接，所有的科研的成果都是要能转化为生产力的。三是在“创”字上要更加下功夫，创业不是一件简单的事，高校要实现这个也存在一些困难，如政策上支持少等。既然要实现创业，政府就要给高校松绑，高校不仅培养人才，其实也是创业的综合体。

四 发挥跨学科集群效应推进创业型大学

“科学技术发展出现的不断分化和高度综合使得项目研究需要不同学科部门相互协作完成。”（冒澄和操太圣，2009）因此创业型大学在科学研发过程中，需要注重跨学科研究的开展。通过这种跨学科研究，不同专业的人员可以就同一研究课题展开讨论并在此期间进行信息交换，从而为问题的解决提供多种视角。在这一过程中，新的思想观点就此产生，从而指导新的创业实践。前文提到的阿尔托大学在成立之初就是由三所在专业领域内极具权威性的学院组成的，从而能够充分发挥跨学科的集群效应。麻省理工学院也十分重视跨学科组织的建设，早在2005年就已经拥有60个跨学科组织。这些组织脱离于传统的学院或者专业体系，融合多种学科，汇聚多方资源，并以研究组、实验室等形式出现。此外，德国洪堡大学也是将不少有关自然科学的学科汇聚在安道尔舍夫校区，从而能够在进行科学研究时发挥这些学科的集群效应。

我国的创业型大学在科学研究过程中主要是依托某一种或者某几种学科，而非将多种学科相融合。这主要是因为这些大学深受区域特色的影响，因此集中发展区域的几种优势产业。但与此同时，我们必须意识到区域产业的发展不能仅仅局限于原有特色的不断强化，还需要注入新的内容，才能在激烈的经济竞争中处于不败之地。随着社会政治、经济、文化之间关系的日益密切和复杂，一方的发展越来越多地受到其他方面的影响。因此，蕴含区域特色的创业型大学在发展过程中既要依托于与区域特色有关的专业，同时又要充分考虑其他专业学科对于区域发展的影响。灵活运用多种学科，使其发挥强大的集群效应，才能使创业型大学在构建过程中既能充分利用区域原有特色优势，又能跳出区域限制向更广层面拓展延伸。

第五章 区域创业精神与创业教育服务于创业型城市建设

创业型城市，是创业条件优越、创业比重（创业参与率）较高、创业能力较强、创业效果显著、创业前景广阔等一系列创业指标比较突出的城市的统称。创业型城市在城市发展的过程中以创业带动就业，从而促进经济等各领域的发展。2016 年，科技部、国家发展和改革委员会（简称国家发展改革委）联合发布《关于印发建设创新型城市工作指引的通知》，指出："创新型城市是以科技创新为经济社会发展的核心驱动力，拥有丰富的创新资源、充满活力的创新主体、高效的创新服务和政府治理、良好的创新创业环境，对建设创新型省份和国家发挥显著支撑引领作用的城市。建设创新型城市是加快实施创新驱动发展战略，完善国家创新体系和构建创新型国家核心支点的必然要求；是培育新动能、发展新经济，引领经济发展新常态的内在需要；是贯彻落实国家区域发展战略，推动区域协调发展的重要支撑；是破解城市经济社会发展系列问题，完善城市创新发展内涵和理念的重要举措。"创新型城市的建设首要原则是"创新驱动。将创新作为城市发展的第一动力，把创新驱动发展作为城市经济社会发展的核心战略，发挥科技创新对全面创新的引领作用，培育新动能、发展新经济。突出特色。根据不同城市的资源禀赋、产业特征、区位优势、发展水平等基础条件，突出自身优势特色，明确不同类型城市的发展方向和重点任务，引导城市探索各具特色的创新发展模式"。虽然创业型城市与创新型城市有区别，但两者间也有其内在联系。创业型城市是创新型城市的升级，将科技创新转化为生产力，如何推进创业型城市建设，可借鉴创新型城市建设的举措，创新驱动，要具备创新创业精神，突出特色，结合区域优势，这样才能进一步推进创业型城市建设。

第一节　区域创业精神促进创业型城市建设

创业型城市建设，对于城市经济转型、整体发展、劳动力就业等问题都是十分重要的一环。而创业型城市建设，离不开创业精神的支撑。本节主要论述区域创业精神对创业型城市建设的重要作用。首先将对区域创业精神和创业型城市这两个概念加以辨析，包括区域创业精神的内涵、创业型城市的特点以及优势。然后，从精神动力、过程支持和前进方向三个角度，讨论区域创业精神对创业型城市建设的推动作用。

一 概念辨析

1. 区域创业精神的概念

创新是一个民族进步的灵魂，是一个国家兴旺发达的不竭动力。创新文化是先进文化的重要组成部分，创新精神是我们时代精神的重要体现。而创业精神正是创新精神的一个重要表现形式，创业文化也是创新文化的表现之一。创业文化包括精神层面和制度层面两部分，其中精神层面指民众的创业文化价值体系，表现的是民众与创业有关的思想理念、价值标准和精神状态，包括致富欲望、创业冲动、风险观念、流动偏好、吃苦精神；制度层面则指以政府主导的和创业、创新精神相关的宏观创业环境体系（蒋芝英，2011）。

创业精神是影响创业的根本力量和动因，而地域文化是影响创业精神的影响因素。不同的区域创业精神对创业者的创业意愿、创业者对机会的敏感性和判断能力、创业者的创业知识和技能都有重要影响（李坤和王建，2005）。区域创业精神的特点，决定了它在创业型城市的建设中会产生重要的作用。

区域创业精神是某一区域企业家的行为特征，与区域文化特征息息相关（徐建平和王重鸣，2008）。区域创业精神体现着区域创业文化的精神内核，不仅是区域文化的重要组成部分，更是区域人民共同的文化认知。区域创业精神作为区域创业实践者共有的精神特质，展现了他们勇于实践、勇于拼搏、不断追求进步的精神风貌。区域创业精神是区域创业文化的重要组成部分。充分发挥文化的引领作用，有助于增强文化育人的功能。

2. 创业型城市的概念及特点

创业可以指单个创业者创业，也可指群体性创业。如果将具有法人性质的城市政府作为城市创业的唯一代表，则城市创业可以狭义地理解为城市政府的创业。但从广义角度来看，城市创业应当包括城市空间综合体内部各类业主的创业。因此，城市创业既可以重点指城市政府对城市创业事业的谋划和作为，也可以是城市空间范围内各类群体组织的创业现象、过程和结果的总称。

创业型城市，是创业条件优越、创业比重（创业参与率）较高、创业能力较强、创业效果显著、创业前景广阔等一系列创业指标比较突出的城市的统称。创业型城市在城市发展的过程中以创业带动就业，从而促进经济等各领域的发展。创业型城市一般应具有以下基本的属性和标志（张永奇，2008）。

第一，创业型城市具有较强的创业能力和突出的创业成果。创业能力可由一系列城市创业指标来反映，如创业率、创业密度、创业成功率、创业成本、创业成果等。

第二，创业型城市要有优良的创业结构，包括城市创业的要素资源结构、产业发育结构、创业主体结构、空间布局结构等。创业结构要有利于城市创业体系的构建，有利于创业活动的持续发生和发展。

第三，创业型城市要有优越的创业环境条件，包括创业顺利实现的硬件和软件。优良的创业环境是城市创业竞争力的重要体现，也是创业型城市的重要标志。

第四，创业型城市一定是能够协调运作、又好又快发展的城市。城市各部分创业活动能够最大限度地协调配套运作，而总的创业成果和创业质量将不断得到优化，并推动城市创业能力的持续提高。

第五，创业型城市一定是充满商机和活力的城市。创业型城市有更多更大的商机，适宜各类创业人才捕捉，并能够为大多数创业者提供成功创业所必需的各种机遇和条件。

第六，创业型城市应具有广阔的创业前景，要不断克服影响创业的不利因素，不断开辟创业和创新活力，处理好创业与城市间和谐的关系。

第七，不同城市将有不同的最佳创业模式。城市创业要遵循创业和事业发展的规律，一切以客观条件为转移，城市创业要注重对创业模式的选择和提炼。

3. 创业型城市的优势

以创业带动就业，是我国积极就业政策最主要的内容之一。国家重视对创业型城市的建设，正是看中了创业型城市所拥有的价值。创业型城市的优势主要体现在三个方面：第一，创业型城市带动城市内部企事业发展，且多数企事业单位都具有“草根性”“灌丛性”的本土集群性质，拥有顽强的生命力和创造性，并为本地赢得更大的产值、产量、税收，极大地提高了城市的生产力水平；第二，创业型城市为劳动力创造了更多的就业岗位，提高了城市人口的劳动技能，增加居民收入，提高福利水平和生活质量，减少社会的不和谐因素；第三，创业型城市具有强劲的城市竞争力，创业型城市的创业积极效应，从城市活力、经济水平、就业情况等各方面提高了城市的综合竞争力，帮助城市在竞争中处在有利位置（李崇峰，2014）。

创建创业型城市，将促进城市创新创业体系和可持续发展体系的建立与完善。发展创业型城市的创建，应指引企业从创业源头考虑生态和经济效益，以可持续发展的创业模式来解决城市发展过程中所面临的各种问题（杨玉新，2012）。

二 区域创业精神为创业型城市建设注入精神动力

创业型城市建设离不开创业相关人员的辛勤耕耘和全力投入，离不开强大的精神力量的支持。区域创业精神首先为创业者提供了文化环境的熏陶，使其想创业；其次，通过区域内的榜样力量带动创业者创业，使其敢创业。可以说，区域创业精神是创业型城市建设不竭的精神源泉。

1. 文化环境的熏陶

文化环境是人类在特定的社会环境中依靠自己的意识和精神的创造力造就的氛围或环境。文化环境是主体自身的意识和精神活动的产物，这种活动是在特定的社会环境中进行的，它的产物是社会有机体不可分割的组成部分。所以一般而言，文化环境内涵在社会环境这一大系统内，是社会环境的组成部分（马志政，1999a）。区域创业精神与区域文化息息相关，它作为一种独特的文化环境，深深根植于大的社会环境之中。并且，文化环境对人和社会都具有不可忽视的影响力。文化环境在塑造不同层次人格的过程中有特殊的作用，是规定和影响人的素质的重要方面，是一个人的社会角色与历史轨迹得以确定的某种客观力量的体现。文化环境对社会的稳定有着特有的作用，能影响人们对社会变革方向与变革道路的选择，对社会的物质文明和精神文明有多方面的作用（马志政，1999b）。由此可见，区域创业精神作为一种独特的文化环境，对区域内人的发展、区域社会整体的发展都有着不可小觑的作用。

创业过程是创业者不断与外界环境进行交流的动态演变过程，社会文化是构成创业环境的主要方面。在创业过程中，文化不仅影响着创业者个人，也影响了创业的制度和经济环境。恰当地利用文化要素，通过文化对人们的长期影响，和它能够渗透到社会生活各方面的特质，能为鼓励创业者的涌现和更好地推进创业过程形成长效的机制（吴凌菲和吴泗宗，2007）。不同的区域文化环境，对创业也会产生不同的影响。在个人主义文化环境中，企业更倾向采取突破战略，而在集体主义文化环境中，企业更倾向采取渐进战略；在承担风险文化环境中，企业倾向采取自主创新战略；在过程导向文化环境中，企业更倾向采取流程创新战略（于晓宇，2011）。不同特色的区域创业精神，造就不同特色的区域创业活动。

区域创业精神在创新型建设的过程中，通过融入当地的文化环境，形成一种独特的文化氛围，将创业精神内化为一种文化的力量，对区域内的个人、企业、政府等产生潜移默化的影响。这种影响虽然在短时间、小范围内不能显现出明显的作用，但从长期发展和区域整体的角度来看，其作用是巨大的。具有创业精神的文化环境的熏陶，使区域内的创业相关者受到创业精神和创业行为的感召，积极投身创业活动，对建设创业型城市有着不可估量的作用。

2. 榜样力量的带动

榜样是生活和各项活动中在某些程度上能够影响他人的人。个体倾向于寻找与其相类似的榜样。角色理论认为，榜样的作用就是提供一个参照物，让其他人学习榜样在生活中的角色行为（Thomas and Biddle，1966）。具体到创业领域，创业榜样作为一种替代性经验可以增强个体的创业意向。这是因为，当学习者看到与自己相似的人成功时，他就会相信自己也会成功。创业榜样和创业意向的关系基于几个理论和假设。首先，榜样对社会比较提供参考价值并施与一定影响。另外，榜样可能是信息和支持的来源。对于正在学习如何通过创业从而成为一名企业家的学生来说，创业榜样可以作为一种积极的正面力量。从各个角度来看，创业榜样对大学生无条件的创业意向有积极影响，这说明大学有没有创业条件（包括资源、资金和技术等），创业榜样都会对其创业意向形成积极的作用。若父母、老师、朋友或者身边的同学有创业的例子，通过交流沟通或者耳濡目染优势会激发大学生的创业热情。

一个具有创新精神的区域，必定是具有创业传统和充分的创业行为的地区。在这样的区域中，创业者是形成创业精神的主要推动力量。区域创业精神，正是通过创业者的创业行为得以直接体现。这些创业者，特别是成功的创业者，不失为区域内后来创业者的榜样。他们的创业行为，特别是创业精神，将形成一种极为正面的示范作用，鼓励和带动一批又一批后来人积极地投身到创业中去。这样的榜样作用，是创业者最初创业的强大精神动力之一。正是因为已有的成功创业者的成功和经验，后来的创业者相信自己也有能力进行创业并且取得成就。成功创业者的榜样作用除了能够带动后来的个体创业者之外，对区域内的整个创业环境也有十分积极的引导作用。学校、政府、媒体等公共机构，通过宣传创业榜样，提高创业者的信心，并对这些创业榜样的经验和特点加以总结，形成具有区域特色的创业精神，用以引导整个区域内的创业行为和创业活动。以浙江一带的创业活动为例，浙江素以民营经济独具活力而著称，而民营经济活力的内在动力源于浙江企业家的创业精神。浙江的成功民营企业家作为创业榜样，激励了众多浙江人投身于创业浪潮中。特别是浙江地区的大学生群体，创业热情比其他地区更为高涨，这不能不说是创业榜样的作用。

3. 区域创业精神为创业型城市建设提供过程支持

区域创业精神作为一种精神力量，也能够转化成物质力量为创业型城市建设提供实际的过程支持。首先，区域创业精神引导政府重视和鼓励创业行为，并出台一系列政策法规引导和保护创业者创业；其次，区域创业精神使创业者能够利用区域内的创业资源，实现自身发展。

1）政府的政策法规引导和保护创业行为

区域创业精神在创业型建设的建设过程中，不仅影响创业主体，更会影响到区域政府部门对创业的重视，提升政府部门的创业意识。建设创业型城市，离不开政府的引导和扶持。为优化创业环境，政府部门应大力推进服务型政府建设，实行政务公开、推进法制建设、深化审批制度改革、推进政务服务便捷化、加快电子政务建设、加强社会保障体系建设。除此之外，应塑造以顾客为导向、有限行政、依法行政、责任行政、诚信行政的政府管理理念，进一步转变政府职能，为创业发展营造环境、提供保障（马建珍，2004）。而政府行为的展开，离不开创业政策法规的推行。创业政策就是通过一系列政策工具来减少创业风险、增加创业机会、提高创业能力，最终营造一个良好的创业环境，从而提升创业活动水平的制度安排。创业政策对创业活动起到外在驱动力的作用，只有充分发挥好政府的引导作用，才能有效地提升创业主体的内部能力，实现成功创业（周劲波和陈丽超，2011）。

创业投资是一种高风险的投资，具有极大的外部性。在纯粹竞争的市场中，创业企业获得的创业利润远远小于所承担的风险。这严重削弱了企业的创新动力，市场出现失灵，政府必须要进行调节以激励技术创新者。同时，创业投资具有不确定性，创业投资主要是支持高科技成果转化成商品或新商业模式的运用，它不仅面临着普通投资要面临的源于市场的不确定性，还要面临普通投资不会面临的源于高新技术和新商业模式的不确定性，因此要求政府加大引导和示范的力度。此外，创业投资的发展需要一套规范投资者投资行为、风险共担、利润共享的市场机制。在市场机制的建立方面，只有政府才能完成制定法律、法规和监督引导的任务（李淑桃，2012）。

创业政策的基本目标是构建创业支持系统，促进创业活动。促进创业活动包含两层含义：一是激励更多的人创业；二是提高初创企业的存活率，为新企业创造更好的成长机会。政府在创业中的责任不仅是制定创业促进政策，更重要的是建设创业支持系统。政府是创业型社会的第一创业者，即创业支持系统的创建者（何云景，2006）。创业政策包括两方面含义：一是政府应该区分创业支持政策与中小企业政策；二是不同地区的创业政策应与当地的经济、技术和社会发展水平相适应。对大多数地区而言，在创业型经济发展初期，创业环境较差，创业机制不完善，创业者无法通过市场来获得创业所需的资源，政府以直接介入的方式为创业活动提供资金、技术和培训等方面的支持性服务，能有效促进创业活动。政府的各项优惠扶持政策包括财政扶持政策、融资政策、税收政策、科技政策、产业政策、中介服务政策、创业扶持政策、对外经济技术合作与交流政策、政府采购政策等。掌握并充分整合创业的政府资源、享受政府扶持政策，可使创业少走许多弯路，达到事半功倍之效。为启动全民创业，建设创新型城市，政府工作要做到三要：一要重视微小企业创业；二要帮助特殊群体创业；三要防止执法人员影响创业（关小燕，2006）。

以温州为例，在笔者对已创业者所做的关于“对政治法律环境因素的评价”（表 5-1）的调查中，他们对“产权保护力度”评价最高，评分为 3.5 分；其次是“政策透明度”，评分为 3.4 分；打分最低的是“社会治安状况”，评分为 2.6 分，表明市区的社会治安状况亟须改善。由此也可看出，创业者十分看重区域的政策法律环境。良好的政策环境和法律保障可以提升创业者的创业积极性，从而促进区域创业的发展。

表 5-1 对政治法律环境因素的评价

政治法律环境因素	评分
产权保护力度	3.5
政策透明度	3.4
政策优惠及其稳定性	3.2
政府干预企业方面	3.2
政策执行力度	3.2
行政审批程序烦琐程度及审批效率	3.3
政府职能部门的办事效率和服务理念	3.1
党政机关的“乱收费、乱罚款、乱摊派”问题	3.1
政府基层工作人员的官僚、腐败现象	3.1
人身财产安全性	3.4
社会治安状况	2.6

资料来源：作者自行调查整理

政府的政策法规是区域创业精神在制度层面的体现。具有创业精神的政府部门在创业型城市的建设过程中，会积极引导和扶持创业行为，为其营造宽松的政策环境和良好的创业氛围。

2）充分的创业资源帮助创业者创业

创业是创业者、创业机会和创业资源之间的动态匹配从而实现价值创造的创新活动，是个体不拘泥于当前资源约束条件下的机会识别与开发的行为过程（Barringer and Ireland，2006）。从管理学的角度来说，资源就是企业作为一个经济实体，在向社会提供产品或服务的过程中，所拥有或者所能够支配的能够实现公司战略目标的各种要素以及要素组合。和一般资源不同，创业企业发展所需要的资源有其独特性，创业资源是企业在创业及成长的过程中所需要的各种生产要素和支撑条件。创业资源对创业成长具有重要的支持作用。在创业过程中，创业者重点之一就是如何有效地吸收更多的创业资源并且进一步整合成企业的竞争优势。在科技迅猛发展、竞争环境日益复杂的知识经济时代，创业活动对企业获取、整合及利用知识、技能等资源的要求越来越高。在创业各个阶段乃至全过程中，创业企业为了打破创业资源（如差异化的知识、技能、能力、资金及关系等）的约束，必须有效地获取、整合与利用创业资源，并根据环境动态变化来创造与服务客户以实现持续发展。创业资源所包含的资金资源、人才资源、管理资源、信息资源、科技资源、政策资源等均会对提升创业效果产生积极的促进作用（余绍忠，2013）。

一般而言，创业资源的整合经历资源识别与选择、资源汲取与配置、资源激活与融合三大环节。资源识别与选择从企业宏观战略上来看要根据目标、市场和产品状况对资源选择进行定位，从微观战略上来看要选择与企业自身的战略目标相匹配的资源；资源汲取与配置是指企业将创业资源积极融入企业发展过程之中，快速提高企业能力的活动，这当中包括了市场机制下资源的获取以及外部资源完全内部化的并购等；资源激活与融合环节将创业资源完全用于企业研究开发领域、组织和管理领域、产品生产领域以及市场开拓领域中，是最终决定着企业资源能否发挥最佳效益，进而提升企业获利能力的最重要环节（曾坤生和胡文静，2009）。对于一定区域内的创业企业，区域内部的资源是创业者所要重点依托的。利用好区域资源优势和区域资源开发优势是区域经济发展的重要基础。区域资源优势是指某一区域拥有的资源在数量和质量方面占有优势地位。区域资源开发优势则是指某一区域在开发利用本区域资源或非本区域资源方面拥有的优势条件和能力。区域资源优势具有针对性、时效性和相关性，是以一定的经济活动为前提的，必须通过区域间的分工与合作才能显示与发挥出来；区域资源开发优势具有资源依附性和开发主体不确定性，其优势的发挥需要一定的条件（吴咏虹，2003）。

建设创业型城市，离不开创业者对城市内部资源的利用与开发。而区域创业精神能够很好地帮助创业者在创业过程中利用各种资源。其一，从政府层面看，如前文所述，政府对创业活动的支持促使政府颁布有利于创业的政策法规，引导与帮助创业，使区域内创业者拥有得天独厚的政策资源。其二，从人才层面看，区域创业精神鼓励更多的人才投身创业活动。无论是主持创业活动还是参与创业行为，都从人力资源的角度支持了创业型城市的建设。其三，从信息资源层面看，区域创业精神将创业领域的有志之士集中在一起，便于分享创业信息资源，使创业相关信息传播更畅通，帮助创业者创业。其四，从人脉资源层面来看，区域创业精神激发前期创业者积极为后期创业者提供各种帮助。

3）创业者和区域的互动关系——以温州为例

调查问卷数据显示，在对已创业者“在温州创业的原因”所做调查（图 5-1）中，选择“基础产业配套”的比例最高，为 17.4%；其次为“市场经济秩序良好”和“基础设施完善”，分别占了总数的 15.3%、14.9%；此外，也有 13.9%的人认为是因为“创业政策优惠”；选择“人力资源供给良好”的比例占 12.9%；而选择“政府服务好”“社会信用状况好”“要素成本低”“资金供给状况良好”的占总数的比例则均在 10%以下。

在对已创业者进行的关于“对政府及社会的诉求”的调查中，21.8%的已创业者希望政府能够“提供创业培训”，20.0%的人希望“降低创业门槛”，18.3%的人希望“加大创业税收扶持力度”，14.8%的人希望政府“提供融资支持”。而对

“成立创业者组织”“加强创业服务机构建设”“提供与同行交流平台”等方面的要求则较少，比例仅为13.7%、6.8%、4.6%，如图5-2所示。

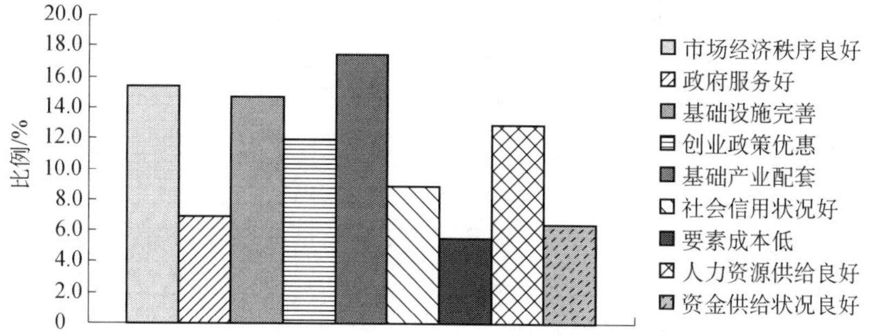

图5-1　在温州创业的优势（已创业者）

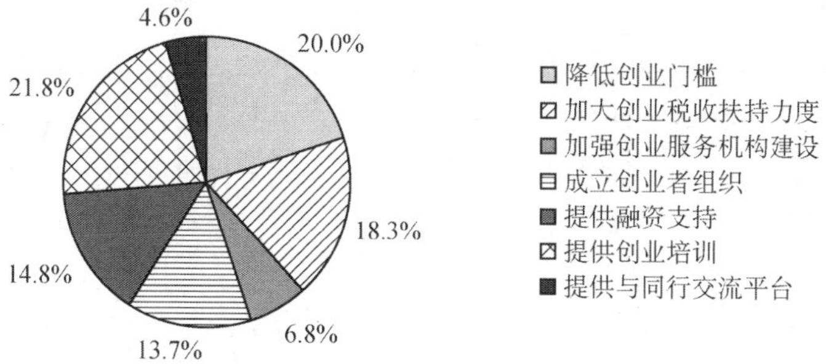

图5-2　创业者诉求

在对已创业者进行“希望政府提供的支持”的调查中，22.5%的已创业者希望政府“提供资金支持”和“提供各类技术培训”，另有15.9%的人希望“提供创业项目”，比例均高于对“提供技术支持”（11.1%）、“提供与同行交流平台”（9.8%）、“提供管理咨询”（8.5%）、“提供创业培训”（7.3%）、“其他”（2.4%）等，如图5-3所示。

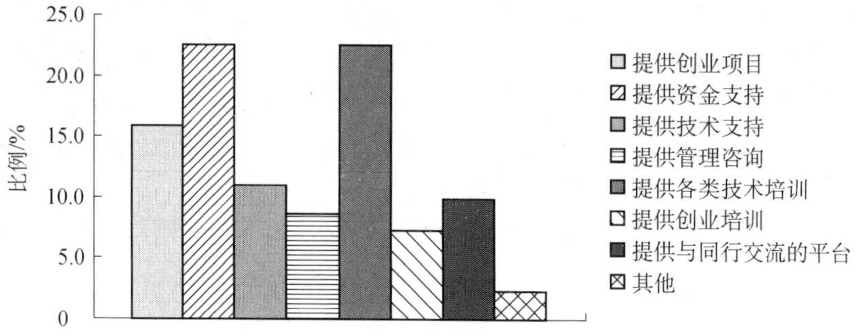

图5-3　已创业者希望得到政府的支持

4）区域创业精神为创业型城市建设指引前进方向

在区域创业精神的引领下，创业型城市不断求新求变，寻求能够长久发展并且富有竞争力的创业模式，实现城市的可持续性发展，并积极吸纳多元创业形式，促进创业型城市建设的多元化发展。

（1）可持续型创业代替传统创业模式

在传统创业模式中，创业者初创业时受限于资源、能力和眼界，在创业初期所涉足的行业多是技术水平低、资金数量小、发展持续性低的传统产业。例如，在义乌地区，受到义乌地区的传统影响，创业以小商品买卖为主；再如杭州地区，由于淘宝的带动，开网店创业也成为一种创业时尚。虽然这些创业模式都体现了创业者的创业热情，有许多创业者也在这些行业干出了一番事业，但传统的创业模式仍然有其不可避免的缺陷。首先，传统的创业模式通常技术含量较低，依赖低廉的成本和劳动力，难以形成自己独特的竞争优势。其次，传统的创业模式表现出集群效应，某一地区创业的方向大致相同。从好的方面说可以形成链条，整体协同发展；从不利的方面说，相同类型的创业活动会分散市场需求，无益于做大做强。这种传统的创业模式培育了某一地区的区域创业精神，而后又正是这种区域创业精神使创业者勇于求变，不断突破原有的传统创业模式，寻求可持续发展的新道路。

可持续发展创业型城市内涵包括：第一，可持续发展创业型城市建立在生态文明与创业创新文化的基础上，是在可持续发展的创业要求下集聚的特定城市；第二，可持续发展创业型城市发展的推动力是可持续发展的创业，城市总体目标是提高城市创业条件和创业能力，获得显著的创业效果；第三，循环经济和创新创业贯穿于可持续发展创业型城市建设的各个方面，借助可持续发展的产业和自主创新能力提升产业层次，增强城市发展的领先优势和国际竞争力。

与一般的创业型城市相比，可持续发展创业型城市的竞争优势更加明显。首先是创新创业竞争优势。可持续发展创业型城市具有较强的创业能力和良好的创业保障体系。可持续发展创业型企业研发能力强，借助创新技术使其运营成本降低；通过独特的“可持续发展的壁垒”将自己的产品和服务与其他企业区别开来，实现产品差异化，创造他人难以模仿和复制的竞争优势，实现企业间的良性竞争，有效地消除管理环境的风险，使城市的产业集群更具竞争力。其次是资源环境竞争优势。可持续发展创业型企业可以通过可持续发展的管理、可持续发展的营销、可持续发展的服务等可持续发展的附加值链来为企业创造价值，提高资源利用率，获取环境保护创造的效益。创造的可持续发展的附加值不仅为环境带来了正面影响，也使企业提升公司形象，创造了无形价值。因此，可持续发展创业型城市实现了企业经济效益和环境效益的双赢局面（杨玉新，2012）。

（2）不断发展新兴产业进入创业领域

区域创业精神本身求新求变，不拘泥于原有的创业发展方式，不囿于固有的产业模式。为了实现区域的可持续发展，应建设生命力旺盛、竞争性强、产业效益好的创业型城市，不断发展各种新兴产业进入创业领域。其中发展势头旺盛的产业包括文化产业、科技产业及以“海归”为领导者的海归创业产业。这些新兴产业逐步取代原有的传统创业模式，作为可持续发展型创业的具体体现形式，充实了创业型城市的创业领域，成为创业型城市新的发展方向。

《国务院关于推进文化创意和设计服务与相关产业融合发展的若干意见》发布后，其强有力的扶持政策，让文化创业和设计产业看到了广阔的前景。文化创意和设计服务具有高知识性、高增值性和低能耗、低污染等特征。推进文化创意和设计服务等新型、高端服务业发展，促进其与实体经济深度融合，是创业产业转型的有力举措。促进产品和服务创新、催生新兴业态以带动就业，满足多样化消费需求，提高人民生活质量的重要途径（高卫民，2014）。文化创业在提升创业型城市的软实力、大力弘扬创业精神方面具有极大的价值。要发展文化创业产业，首先，要创新思路，构建一整套促进文化产业集聚、集群、集约发展的内生机制，推动文化产业长效发展。比如，要构建文化产业交易市场，引导更多社会资源投向文化创造，培育更多的文化企业；要构建文化资源创新整合机制，打破文化产业中的垄断，加强文化产业之间的协调发展，为中小型文化企业发展创造空间。其次，要加大文化产业的整合力度，构建一个有特色的文化产业园区协调发展机制，促进园区企业实现差异化定位、模式化运作，做大做强文化产业，为文化创业打造平台。再次，注重文化内涵和文化业态的创新，加快文化产业与科技、金融和现代服务业的融合，并用高新技术推动文化产业实现数字化、信息化经营，培育一大批新兴文化企业。最后，注重文化企业文化品牌的打造，培养一批具有国际竞争力的文化品牌，推动文化企业上市，形成品牌资产，从而带动更多的文化产业（朱凯和宋广玉，2012）。

20 世纪 50 年代中期，随着新技术革命的兴起，科技创业开始起步；20 世纪 60 年代以后，以电子计算机、新材料和通信技术为代表的高新技术不断涌现，科技创业规模也不断扩大；20 世纪 80 年代以后，随着西方国家经济的发展，科技创业进入了一个新的发展时期，而且在世界范围形成热潮。科技创业是创业者利用商业机会，组合社会资源，把新技术、新知识转化为市场需求的产品或服务，以实现其应用价值和创造物质财富的科技创新活动。科技创业经济是技术创新型经济，是建立在科技与经济结合的基础上，突出把科技成果和知识以产业化的方式，实现其价值并成为经济新的增长点。从经济结构上看，科技创业经济的主体是由大批的民营科技企业构成的。这些企业根据资金、设备、人才、技术的不同，确立了大企业不可替代、不可动摇的市场地位（张小娅和熊威，2008）。科技创业作为科技创新活动及其空间延续的体现，既是促进科技进步和技术创新的主要动力，也是促进区域产业结构升级和产业竞争优势提升的决定性力量。建设科技创业系统，扶持科技创业企业发展，实现科技创业与自主创新的良性互动，已成为提升科技创新能力、增强经济发展活力的有效途径（赵涛等，2011）。

海归创业一般指从海外（留学或者商务）归国的人员，通过对内外部资源进行整合、优化与创新，以创造更大经济或者社会价值的过程。海归创业在产业领域、创业理念与商业模式、创业成长路径方面都具有独特性。研究表明，海归创业绩效由于本土创业的原因具有技术知识、商业知识及国际创业导向等三方面的优势（胡洪浩，2014）。

第二节　区域创业教育引领创业型城市建设

创业型城市建设离不开创业型人才，而创业型人才培养离不开创业教育。本节着重讨论创业教育与创业型城市建设之间的关系。创业教育从人才储备和创业资源两方面，推动创业型城市的发展，并且走在城市发展的前端，引领创业型城市建设。

一　创业教育为创业型城市建设储备人才力量

1. 中小学创业教育为创业型城市建设培养后备人才

小学创业教育的课程核心在于培养学生的创业意识和创业心理品质，通过学科课程、活动课程、环境课程等一系列缜密安排的课程体系，来达到系统发展、重点培养的教学目标。在学科课程中，将创业的核心意识和概念以课程内容的形式植入学科教学中；在活动课程中，将创业相关知识化解为一个个专题的课外活动，使学生切身体验创业中所会遇到的种种问题，并体会创业的乐趣，培养创业积极性；而环境课程则强调在潜移默化中对学生创业意识的影响和创业能力的培育。

随着社会转型和时代发展，创业精神与创业活动对经济与社会发展的贡献越来越突出。培育和强化创业精神，营造良好的创业环境已成为共识。伴随着从工业社会向信息社会的转型，速度、创新、知识、创造力显得越来越重要。造就深层次的竞争优势，需要鼓励创业与创业精神（刘亭亭，2007）。与小学创业教育相衔接，中学的创业教育除了对创业意识和创业心理品质的继续培养之外，更看重对创业素质和创业能力的培养。与小学的学科课程体系相类似，中学的创业教育也从学科课程、活动课程和环境课程三方面入手，着重培养中学生的创业素质和创业能力。与小学创业教育相比，中学创业教育逐步深入培养学生的改革创新意识、艰苦奋斗意识和价值意识，并教给他们相对深入的商业、金融、法律和公司管理等市场经济方面的知识。除此之外，提供更多的实践机会，使中学生在实践中应用自己所学到的创业知识，并在实践中模拟真实的创业场景和创业过程。在中学教育的整个过程里，针对当前创业教育的发展现状，有计划、有步骤、分阶段适时开展创业教育工作，促进中学生创业精神和创业品质的形成，对创业教育整体向前迈进具有十分重大的意义。

在基础教育阶段引入创业教育有三个主要功能：一是保证公平，在创业教育理念指导下，每个学生都是平等的，都具有独特的优势，都是可以培养的；二是促进卓越，社会所需的卓越人才绝不仅仅是能够考高分的学生，全球竞争态势的加剧、信息技术的突飞猛进及不确定的未来，都要求青少年在掌握基本的学术知识之外，还要具有创新精神、解决现实问题的能力、抵御风险的能力；三是培养有责任心的公民，通过创业教育，吸引商业领袖进入课堂，与学生共享他们的经验和精神，帮助学生思考自己的未来，做一个能对社会做出经济贡献的公民（徐小洲，2010）。中小学开展创业教育的目的主要有两个。一是从小培养学生的创业意识和创业观念；二是为中学后创业教育的继续进行做准备。中小学时期是一个人价值观念养成的关键时期，在这一阶段为学生注入创业相关的意识和观念，能够从根本上培养学生的创业精神，而这些素质在创业的过程中是极其宝贵和重要的。虽然中小学时期的学生不可能直接投身于切实的创业活动中，但是这种创业的意识和观念使他们在日后真正面临创业机遇时能够将创业作为一种职业选择甚至将创业作为一种人生追求。除此之外，中小学时期对创业的基本素质和技能的培养，如金融、法律、职业技术等相关知识，也为中学后创业教育的深入打下了坚实的基础。

中小学一般都是隶属于地方管理，更多的是受县级政府管理，市级政府管理整个市的中小学。这就非常有利于中小学从身边取材开展创业教育，每个地方都有地方的发展史、奋斗史，这同样也是创业史。在中小学教育中可以融入地方的创业文化、创业精神的教育，这样能更好地推进地方中小学的创业教育，更有利于培养中小学生的创新创业意识。对于如何推进中小学创业教育，可以从以下几方面入手。

1）推进小学阶段创业教育的方法与策略

一是恰当引导。小学生的认识事物和价值判断的能力尚不成熟，过分强调商业经营有可能在学生心中片面地助长利己主义、金钱主义等不利于身心发展的意识。组织者要谨慎地观察学生的心理变化，加以恰当的引导。实践证明在合理的运作下，创业教育不仅能够发展小学生初步的成本意识、风险责任意识、资源意识、服务意识、合作意识等，还能够与爱国主义教育、环保教育、诚信教育等有机结合，甚至有助于激发学生学习文化课程的动力，和语文、数学等科目教学相辅相成。

二是充分保障。横向看，小学教育的课程组成强调综合性，为创新创业内容与学科课程的整合提供了发生的条件。纵向看，国家、地方、学校的三级课程体系，使得学校可以根据学校实际的教学安排和学生的特点自主设计安排创业课程，把创业课和地方课程、专业课程相结合。

三是多样形式。创业教育的形式可以是丰富多样的，可以和小学教育的各个方面相结合，可以存在于课堂中，也可以依托于教育组织和企业与学校的课外活动。利用地方优势，可以带学生参观地方文化馆等。组织学生参观当地知名企业、创业园也是常见的创业教育形式。

四是合理评价。评价方式的选择应当以质性评价和形成性评价为主。量化评价依赖于一个封闭的指标体系，对评价对象进行数量化的打分分析，从而判断它的效果和价值。

五是专业教师。缺乏具有创业教育专业知识的教师是阻碍顺利推进小学阶段创业教育的一个重要原因。目前中国的小学中，校内的创业课程和活动通常由少先队辅导员、班主任——主要是语文、数学老师负责。换言之，没有专业的创业教育教师。管理者和教师的培训是开展小学生创业教育的前提条件。除了前期缺少专业培训，在具体课程设计和操作环节，没有经过培训又没有操作指导的情况下，课程教学活动完全凭教师个人的探索，较为成功的课程设计也没有合适的途径进行交流推广。教师培训的交流早已有比较成熟的机制，完全可以在教师工作坊、高校和小学教师合作项目中增加小学生职业和创业教育的内容。

2）推进我国中学创业教育的方法与策略

一是明确目标定位。面向中学生开展创业教育最基本目的是培养学生的创业兴趣和创新意识。其次在于帮助学生形成对创业活动较为理性、全面的认识，了解创业不仅是一个为自身赚取财富的过程，更是一个筚路蓝缕的奋斗过程和促进社会发展创造价值的过程。不仅要让学生认识到创业价值，也要让学生对创业的困难和阻力有充分的认识。学生只有在客观认识创业的基础上才能对自身的职业生涯做出合适的规划。由于中学生有其特殊的心理和认知特质，而且不同的学生在升学和就业的选择上不尽相同。因此，对商业知识和技能的教育目标应当作为中学创业教育的个性目标。教学活动需要根据学生的兴趣和发展倾向，结合他们对自身的职业规划进行设计安排。需要特别指出的是，中学创业教育要处理好与传统课程学习的关系。在中国目前的现实背景下，知识学习仍是中学生的主要学习任务，如果因为盲目地鼓动学生创业而导致他们偏废了学业是不合适的。更何况掌握扎实的文化知识也是进行创造和商业经营的前提，高素质的创业者有利于产业结构的优化提升。

二是树立指导原则。在中学进行创业教育要坚持全面普及的原则，创业教育不仅要深入职业中学，也要渗透进普通中学。中学生的创业教育，连接了小学的创业启蒙和大学的创业教育。全面性还要求创业教育渗透到中学教育的各个环节，除了正式课程和课外活动，还可以利用好隐形课程打造创业的良好氛围。创业教育要鼓励中学生对社会、对未来保持一种开放的态度。扩大中学生的活动范围，引导创业教育走出课堂和校园，能使学生拥有更加开阔的视野，有助于他们发现创造的灵感和机遇，领会创业的社会性内涵，形成对创业的客观认识。对中学生进行创业教育也应当坚持实践性原则。创业本身是一项实践性的活动，它不是一项理论和一本创业计划书，而是身体力行的奋斗。对中学创业教育还需要强调特殊性原则。所谓特殊性指的是不同的地方、不同类型和层次的中学可以根据自己发展的实际需要和地方资源来设置目标和活动的内容，便于真正开展有效的创业教育。

三是采取具体措施。转变传统的教学和就业观念、树立正确的就业观和创业观是创业教育的出发点和落脚点。这些事实说明中学的创业教育不仅要教学生，也要教老师和教家长。转变教师的观点要求建立起相应的教师培养机制和激励机制。中学创业教育教师培养可以采取大学专家讲学、创业者交流等形式，职业中学教师甚至有必要到企业进行短期实践。培养具备专业理论和实践经验的教师无疑是创业教育师资队伍建设的核心目标。另外，评估和总结是不断优化中学创业教育过程、提升中学创业教育效果的必要环节。

2. 大学创业教育为创业型城市建设培养中坚力量

创业革命深刻影响着各国政治、经济发展方向，并促使高等教育进行变革。美国高校创业教育的顺利开展，得益于其不断探索与院校性质相匹配的、行之有效的创业教育模式。美国高校创业教育主要有三种典型模式，即聚焦模式（专业化创业教育，将创业学作为一门独立学科在商学院和管理学院发展）、磁石模式（成立创业教育中心整合资源和技术，为全校范围内的学生提供创业课程）、辐射模式（全校各专业学院教师均参与到创业教育中来，并在全校范围内开展有专业特征的创业教育活动）。美国高校创业教育在发展中以特色为先导，力求多元发展，将创业文化作为校园创业活动发展的枢纽，通过创业教育中心等组织形式，提倡创业教育跨学科发展（梅伟惠，2008）。

为建设创业文化，推动大学生创业，英国自 20 世纪 80 年代以来相继制定了一系列促进大学生创业教育的政策，如启动创业项目（在全国范围内开展创业项目，作为一种课外活动，支持任何学科背景的大学生参加）、建立管理机构（建立英国科学创业中心和全国大学生创业委员会，全面负责英国国内的创业教育）、提供资金保障（启动高等教育创新基金和科学创业挑战基金，为创业教育和知识技术转化活动提供资金支持）、开展教学研究（设立“大学生创业技能”计划，提供大学教育中关于创业技能的内容，并大力提高创业教育教学质量）、服务大学生创业（利用商务链接网络为大学生创业活动和创业教育提供服务支持）等。英国的大学创业教育目标明确、兼顾公平，倡导多方参与，取得了显著的效果（朱长松，2007），参与创业的学生人数大幅增加，大学创业教育蓬勃发展，为社会进步注入无限活力。

日本高校创业教育在21世纪的发展势头十分强劲，其存在的4种典型的创业教育模式包括创业家专门教育型（针对经济学院或商学院实际创业或有创业志向的学生而设置专门课程）、经营技能综合演习型（在经济学院或商学院制定商业计划书）、创业技能副专业型（针对非经管类专业的学生开展创业专业的辅修课程）、企业家精神涵养型（针对全体学生的创业素养的普及课程）。日本高校的创业教育注重培养学生的创业意识和创业精神，并且由政府、产业、学校从法律、资金、经营、教育层面为高校创业教育提供全方位的支持，形成了“官产学”密切配合、良性互动的创业教育生态系统（谢丽丽，2010）。日本高校创业教育使更多的学生参与到创业活动中来，创业教育的数量和质量都达成了很高的成就。

创业教育是开发和提高大学生创业素质和创业能力的素质教育，它使学生获得开展创业实践所必备的创业知识、创业能力和创业品质。创业教育是当前世界高等教育国际化的必然趋势，是实现我国社会主义现代化建设宏伟目标、全面建成小康社会和建构社会主义和谐社会的战略选择，是促进我国高等教育持续发展和提高大学生竞争力的现实需要。在我国，开展创业教育，更新大学生的就业和择业观念，是解决我国大学生就业难题的有效途径，也是建设和发展创业型社会的重要方法（王扬铭，2006）。

21世纪是“创新、创业教育的时代”，因为国家核心竞争力越来越表现为对人力资源和智慧成果的培育、配置、调控能力，越来越表现为知识产权的拥有、运用的能力。当代中国，没有任何时候比今天更需要培养创新意识，更需要推崇创业精神（高晓杰和曹胜利，2007）。创业教育体现了科学的本质属性，“科学的本质就是创新”。高等教育本身就是人才培养模式不断推陈出新的过程，创业教育是素质教育推进的必然要求和重要体现。创业教育作为高等教育发展史上一种新的教育理念，是知识经济时代培养大学生创新精神和创造能力的需要，是社会和经济结构调整时期人才需求变化的要求。创业教育是一种新的人才培养方式，是教育模式探索的前沿（夏春雨，2004）。在知识经济的时代，高科技产业的发展状况将成为一国国际竞争力的主要决定因素，这不仅需要大批具有创新精神和创造力的人才，更需要一个完整的创业体系的支持。创业教育正是在这种背景之下应运而生，既提高了人的素质，使其与知识经济时代的要求相符，又推动了知识经济的发展。大学创业教育与中小学创业教育一脉相承，同样注重对学生创业意识和创业观念的培养。联合国教科文组织曾将“企业家精神”称为教育的第三本护照，赋予其与学术教育、职业教育同等重要的地位。这种企业家精神，也就是创业精神，是大学创业教育所要培养学生的重点内容之一。除此之外，相较于中小学创业教育，大学创业教育也更加注重对学生创业技能的培养，使其能够在毕业后利用所学知识，直接进行创业活动。美国哈佛大学商学院的毕业生中，有 40%的学生都选择进行创业相关的行业工作，不能说不是大学创业教育的功劳。大学创业教育为创业型城市建设培养了最为有力的中坚力量，他们在走出校门后将成为城市创业的生力军，对城市的创业发展有着举足轻重的作用。

3. 创业学院为创业型城市建设培养专门人才

在高校创业教育中，有效教育资源如何进行整合从而更大效率地发挥作用，是创业教育发展中的一个主要瓶颈。而创业学院的出现，则很好地解决了这一问题，成为创业型人才培养的有力平台。例如，上海交通大学创业学院、温州大学创业学院等，都是我国高校建设创业学院的典型模式。无论是无形学院还是有形学院，这些创业学院都将培养创业型人才作为自己发展的主要目标。

2014 年教育部正式公布《关于做好 2015 年全国普通高等学校毕业生就业创业工作的通知》，提出高校要建立弹性学制，允许在校学生休学创业，鼓励扶持开设网店等多种创业形态，并加大对大学生自主创业的资金支持力度。这一系列政策号召都说明，创业教育在如今经济发展、社会发展、人才发展过程中的重要作用，而创建教育学院是创业教育学科建设中的一个重要里程碑，推动创业教育的发展（巩庆美等，2013）。

不同于一般的创业教育形式，创业学院所培养的是创业型专门人才。通过系统的创业知识课程、创业技能培训和创业素质培养，创业学院帮助创业者打下了坚实的基础，为其日后的创业活动做准备。创业型城市的建设离不开创业活动，离不开创业者，特别是高水平、高素质的创业型人才。对创业型人才的培养，是建设创业型城市不可或缺的一环。建立创业学院培养创业型人才，首先提高了教育资源的利用效率，将创业教育资源集中在一起，大大提高了创业教育的针对性和教育质量；其次，培养的创业人才可以直接输送到创业活动中，不仅帮助创业型人才就业，而且直接推动了创业活动的发展。通过创业学院这一优秀创业者的孵化器，创业型城市建设获得了更加有能力的创业人才。在这些创业型人才的带动下，创业型城市才能走大路、走新路，不断蓬勃发展。因而，区别于一般的中小学创业教育和高校创业教育方法，创业学院作为创业型城市建设的直接推动力，培养了一大批高精尖创业人才，直接推进创业型城市的发展。

二 创业教育为创业型城市建设积蓄后备资源

1. 创业教育为创业型城市建设提供技术资源

目前，创业教育最大的面向对象是处在高等教育阶段的大学生。大学生创业固然有各种不足，如资金短缺、经验匮乏等，但是在技术领域确实有着得天独厚的优势。依托大学的教育环境，大学生创业突破了传统模式的限制，在科技创业领域显现出了独特的优势。自20世纪50年代以来，科技创业与新技术革命同时兴起，这几十年来有了长足的发展。科技创业是技术创新型经济发展大背景下的产物，是将新技术转化为市场产品或服务的新型产业化方式。随着科学技术的不断进步，经济发展对科学技术的依赖性越来越大，而科学技术所能产生的经济价值也越来越多。因而，在建设创业型城市的过程中，也不可能离开科学技术型创业产业的支持与推动。科技创业产业所需要的人才不仅仅是掌握了高新技术的知识型人才，更需要有魄力、有能力将这些高新技术知识转化为市场产品和服务的创业型人才，创业教育的作用因此更加凸显出来。这种针对科技创业者所进行的创业教育，是创业型城市建设过程中十分必要的，为创业型城市的建设提供了技术资源的有力支持。

科技创业的优势主要体现在两方面，一是创业活动的可持续性强；二是创业产品的竞争力强。首先从可持续性优势来看，科技创业依托的是高新科学技术知识，产品所需的核心资源是高新技术和知识。通过将这些无形的资源转换为有形的产品或服务然后流入市场，形成产业。这样的创业形式有别于依托廉价劳动力的低成本制造业和进行简单商品买卖的小商品零售业，后两者依赖主要资源市场，而科技创业产业则随着科学技术的进步而不断发展，可持续性强。目前，计算机、生物、脑科学等领域的产品市场不断增大，这些领域的创业者也不断增多，建设创业型城市，必然需要这些科技创业的产业的发展和壮大。如何能够鼓励这些掌握了高新技术和知识的人才投入到创业中来，如何能使这些在科学技术知识领域有专长的人在创业过程中同样光彩熠熠，就需要重视创业教育对这类人才的培养。其次，从竞争力来看，科技创业所依赖的高新科学技术和知识往往有专门性、独特性、不可替代性的特点，这些特点决定了科技创业产业在市场中可以通过自身区别于其他产品的优势而在市场竞争中占据一席之地。对于创业企业来说，竞争力是决定一个企业生死存亡的关键所在。拥有竞争力的企业，就能够占据市场份额中有限的资源为己所用，从而更好地发展自身并进一步占领市场。建设创业型城市的一大目标就是要增强城市竞争力，促进经济发展，而这些恰恰是科技创业产业所能够带来的。

创业教育对科学技术人才的创业精神和创业能力的培养，鼓励和引导有能力的科技人才投入创业产业活动中，为创业型城市建设提供了最直接的技术资源，从而带动了科技创业、技术创业、知识创业的发展，推动了创业型城市的整体创业质量和创业竞争力的提高。

2. 创业教育为创业型城市建设提供信息资源

创业论坛是创业教育中一项十分重要的活动，这种论坛作为一种交流的形式，即时性强、面向对象广，是创业教育中经常采取的一种教学活动形式。创业教育论坛的面向对象不局限于接受创业教育的在校学生，而且面向已经在开展创业活动的创业者和准备投入创业活动的准创业者。针对在校大学生，学校学工部、团委、就业指导中心、管理学院、创业学院等创业教育相关责任单位都会定期开展这一活动，作为创业教育的一个重要环节，以讲座的形式为学生普及创业知识，营造一个积极创业的良好文化氛围，所请的嘉宾也来自各个领域，不局限于学校老师。针对正在开展创业活动的创业者的创业论坛也是大学后创业教育的主要环节。创业环境千变万化，仅依靠学生时期所接受的创业教育对创业者来说是远远不够的，而创业工作的高强度又使他们难以再接受系统的教育以弥补工作中的不足，这时创业论坛就是他们接受新知识的加油站。针对准创业者的创业论坛则往往与前两者相结合，使准备投身于创业活动的准创业者们能够通过创业论坛学习到所需的相关知识，并随时感知行业动态。由此可见，无论是在校创业教育还是后创业教育阶段，创业论坛都是创业教育中的重要一环。

创业论坛的作用主要有两方面。第一是为创业者提供了一个学习的场所，通过请专家、教师、成功创业者进行演讲，可以使参与者获得最新的知识和行业动态；第二是为广大创业者提供了一个交流的平台，同行之间可以相互交流、相互探讨，促进彼此共同发展。作为一个学习的场所，创业论坛所邀请的主讲者往往都是一些企业家、政府官员、高校教授、成功创业代表，这些人能带给论坛参与者的知识和信息远远超过一般的创业教育课程。在创业论坛中，创业者可以得到行业内最新的观点、最直接的指导，以及与知名企业家、政府官员、高级教授等的直接接触，对其创业思路的开拓、行业信息的丰富都是大有裨益的。除了向这些专家学习取经之外，创业论坛作为创业者之间的交流平台，给广大创业者一个机会与自己的同行相互交流。这种交流对创业者是十分必要的，一方面可以相互探讨在创业过程中遇到的问题，互相学习解决方案，吸取经验教训，在日后的创业活动中加以避免；另一方面也能够通过交流获得最新的行业动态，了解自己创业过程中的优势与劣势，从而改进自身。

在创业型城市建设的过程中，充足、即时的信息资源是提高发展效率的重要保障之一，而创业论坛则提供了一个分享资源、传播信息的极好的平台，无论是对创业者自身的发展，还是对创业型城市建设都是不可或缺的。

3. 创业教育为创业型城市建设注入新的活力

创业大赛是以创业项目为竞赛对象，对其创新性、可行性、价值度等各方面进行评比的创业发展中的重要赛事，不仅面向在校大学生，也面向所有创业群体。目前各高校乃至各省市的创新创业大赛不计其数，参与者也如雨后春笋越来越多。比较知名的创业大赛包括“挑战杯”中国大学生课外学术科技作品竞赛和创业计划大赛以及中国创新创业大赛。创业大赛的目的在于提升创业水平，营造创业氛围，弘扬创业文化，促进科技与金融的结合。创业大赛可以说是创业者走上创业道路的重要一步。对于在读学生，创业大赛能够为他们提供一个真实的创业环境，作为一种实践形式帮助大学生体会创业过程中会遇到的各种问题以及创业的价值；对已经开始创业的创业者，创业赛是推广自己的产品和企业的良好机遇。

创业大赛首先能为创业者带来的就是资金支持。对于初期创业来说，资金的短缺是阻碍创业活动顺利进行的一个最为主要的原因。而创业大赛则会为优胜者提供奖金，少者可以支持创业者完善创业计划，多者则通过天使基金、风投资金为创业者实现其创业理想提供最直接的资金支持。这对创业者来说是再好不过的。另外，创业大赛的优胜者即使没有得到足够的资金支持，在日后也可将创业大赛的奖项作为获得资金的筹码，来赢得对自身更多的支持。此外，创业大赛的参赛者来自各个领域、各个背景，往往能够提供最新、最具创意的创业想法。这些想法对激发新的创业冲动和创业灵感，都是极其宝贵的。通过创业大赛，获得有价值的创业项目，并进而将其转化为一种产品或服务，这在创建创业型城市的过程中的作用是十分巨大的。参赛者的热情和创业大赛丰厚的奖励，也能够吸引更多的人参与到创业活动中来。许多创业大赛的参与者起初只是抱着尝试的态度参加，而在参加创业大赛的过程中，不断接受各种指导，学习各种先进榜样，甚至得到资金和技术支持，这些都将鼓励他们转变创业观念，真正地投入创业活动中去，从创业志愿者变成创业生力军。

在创业型城市的发展中，如何能够立足于最具创新性的发展点，如何能吸引更多的创业者参与到创业中来，如何能引领产业发展是推动城市发展、提高城市竞争力所需要考虑的。而创业大赛则能够吸引更多、更新的创业计划和创业项目，为创业型城市的发展不断注入新的活力。

第三节　推进创业型城市建设的建议与对策

区域创业精神对促进创业型城市建设的意义重大，需要我们充分地发挥其作用。从历史上看，一个创业型城市的形成有其历史演进的过程，同时也有现代的挖掘、提炼、推进的过程。如何在结合当下经济、社会、文化发展情况推进创业型城市建设，对我们来说显得更加务实有效。鉴于此，本书提出创业型城市建设的一些建议与对策，供读者参阅。

一 以区域创业精神为引领

创业型城市一般是一个县、一个市，是一个地区。地区就有其区域文化、区域创业文化与区域创业精神。正所谓一方水土养一方人，每个区域的人的精神面貌都不一样，要建创业型城市离不开这个区域的文化和精神。创业型城市的建设核心是要有引领其发展的精神，这是精髓和根本。如果一个地方没有创业精神，这个地方想建设成创业型城市是不可能的。因为它没有历史的创业精神的沉淀，没有主心骨，没有精气神。那么这座城市即使有很多人从事创业实践活动，有很多企业家，也称不上是一座创业型城市。区域创业精神在一座创业型城市建设中的作用是无可估量的。

我们可以以温州为例来说明。虽然 2016 年在科技部和国家发展改革委评选建设创新型城市的时候没有温州，但是这并不影响温州实际上是一座创业型城市的事实。温州具备创业型城市的所有要素。首先看创业精神，温州有着历史悠久的永嘉学派文化，倡导经世致用、务实创新的文化氛围。改革开放以来，温州人凭着自己的智慧创造了“温州模式”。这种创业精神与创业文化在全国其他城市也是不多见的，这种创业精神正是创业型城市所必须具备的前提条件。其次是由此及彼，温州人不仅在本土创业，创造财务，还在国内其他城市以及海外创业。在全国、世界上，哪里有市场哪里就有温州人。温州人把地方的创业精神与文化带到了其他地区、带到了海外。这种情况，不是一般创业型城市所具备的。当然创业型城市应该不局限于自己所在的地方的创业，更应该走出去把创业型城市的创业精神带到各个地方。

区域创业精神不仅是当代人的，更是子孙后代的，区域创业精神需要传承与创新，这也是创业型城市所必须承担的历史重任。比如，温州，温州大学、温州职业技术学院、温州科技职业学院、温州肯恩大学、温州医科大学等高校在开展大学生创业教育的过程中，都把城市的创业文化融入其中，让后代大学生能很好地学习、吸收、传承。以温州职业技术学院为例，该校努力地将温州人精神融入学生职业素质教育始终，充分发挥本土化创业精神的正激励作用，大力弘扬温州人“敢为天下先，特别能吃苦，特别能创新”等优秀的创业精神内容，更加注重学生创新精神和创业能力的培养，逐步走出了一条具有温州特色的高职创业教育体系。首先，在课程建设上，更加注重学生创业知识和基本技能的培养。在开展文化课、专业课的同时，将本土化的创业精神融入其中，使学生不仅能够牢固地掌握专业技能知识，而且能够自觉培养自身的创新意识和创业能力。学院还根据具有温州特色的区域经济和文化特点，创造性地编写出《创业指导读本》《温州创业史》《永嘉学派知识读本》等独具地域特色的创业教育辅导书籍。通过讲座或者选修课的形式，开展温州人创业教育观教育，不断丰富与完善创业教育“第一课堂”的内涵。其次，在创业文化建设上，学院高度重视创业教育的校园文化建设工作，把温州人的创业精神更多地融入校园的创业文化建设，建立起独具特色的校园创业文化体系。为了让学生树立创业理想，激发学生的创业积极性，拓宽学生的创业眼界，鼓励学生进行创业实践，学院还定期举办温商创业论坛，邀请创业成功的毕业生回校讲学，开展创业成功案例讲学教育，举办各种创业竞争大赛，以营造良好的学校创业文化氛围，将本土化的创业精神正能量传递给更多的人，激励更多的学生走自主创业的道路（丁金昌，2008）。因此，区域创业精神是创业型城市必备的根本性的东西，没有区域创业精神无从谈创业型城市。

二 以高校、科研院所为依托

高校和科研院所是集聚国内外高端人才、资金、技术和信息等创新资源的地方。一个地方的创业型城市的建设离不开高校和科研院所，更要以它们为依托，充分发挥高校及科研院所的作用。正如《科技部、国家发展改革委关于印发建设创新型城市工作指引的通知》中所指出的：“加强产学研合作，构建多种形式覆盖完整创新链、以市场需求为导向的产业技术创新联盟，形成创新的吸附效应、聚合效应、规模效应和品牌效应”，“引导中央和省级科研院所、高校、企业等创新主体与城市创新要素深度融合，加快创新成果溢出，支撑服务城市经济社会发展。加强城市内及城市间各类创新资源的开放共享，促进创新资源优化配置和高效利用”。高校、科研院所有其优势之处，通过它们可以进一步推进创业型城市的建设。

以温州科技职业学院为例，其在温州创业型城市建设中，发挥了其专业的优势与特色。该学院是一所以农为特色的高校，同时也是科研院所，此外还挂温州市农业科学研究院的牌子，具有高校和科研院所的双向功能。在推进温州创业型城市建设的过程中，它充分发挥“农”的优势，建立了温州市种子种苗科技园。该园区集教育科研、创业孵化、产业开发、休闲观光等多功能于一体，面积 1030 亩，总投资 1.1 亿元，具有混合所有制性质，是全省一流的种子种苗科技园。学校现有国家水稻原种繁育基地、国家大宗蔬菜产业体系温州综合试验站、浙南作物育种省级重点实验室、浙江现代农业中小企业研究基地、院士工作站、温州市农产品质量安全重点实验室等国家和省、市级科研平台 10 多个；建有实体研究所 15 个；市级农类人文社科研究基地 2 个。建有科技部“星创天地”(国家级众创空间)，支持农村科技创新创业，为农村创业者提供技术研发服务；浙江小企业创业基地等 8 个省、市级创新创业平台，是联合国教科文组织中国创业教育联盟首届理事单位。

坚持应用价值导向，围绕种子种苗、食品安全、园林园艺、宠物医学、智慧农业等研究方向，组建科研团队，协同开展重大关键技术攻关。具有鲜明的三农服务工作特色。学校将服务三农作为立校之本、强校之基、发展之源。一是成立包括百名专家在内的三农智库，开展三农政策咨询服务，为政府及相关职能部门提供决策参考。研究成果多次获得省主要领导的批示并被部门采纳。二是与温州 11 个县（市、区）建立战略合作关系，开展科技富民强县（镇）项目 10 多个，解决各县（市、区）农业产业提升关键问题。三是积极开展三农技术服务，每年下派市级科技特派员，年均辐射推广新品种、新技术 150 万亩以上，年产生社会效益超 5 亿元。四是成立温州农民学院，开展新型职业农民培训，培训职业农民 4.98 万人次，为农村培养了一批领军人物和创业典型，另中德农业职业教育培训中心挂牌该校。该校很好地将高校及科研院所的功能充分发挥，这大力地推进了温州创业型城市的建设，至少推进了在现代农业领域的创新创业工作。

三　以科技成果转化为落脚点

科技成果转化是创业型城市建设的落脚点。如果没有高校、科研院所、企业科技成果转化出来，创新出来的科技成果只能躺在实验室里。《科技部、国家发展改革委关于印发建设创新型城市工作指引的通知》指出："建设科技成果中试与产业化载体，形成以企业技术创新需求为导向、以市场化交易平台为载体、以专业化服务机构为支撑的科技成果转移转化新格局。实施产业技术创新重大工程或行动，强化政策、研发平台、项目、人才、园区、产业化的一体化部署，加快突破应用一批产业关键核心技术，建立健全以企业为主体、市场为导向、产学研相结合的现代产业技术创新体系。"要加快推进科研院所、高校同企业的对接，助推培育出一大批科技型中小企业，形成创新型经济新格局。在"大众创业，万众创新"的大背景下，国家、省市等都在全力推进创新创业活动，可以依托这些活动、大赛将高校、科研院所的科研成果展现在企业前面。企业也能通过这些活动，了解高校、科研院所的成果，可以更好地对接。当然科研院所、高校也可以自我转化科技成果，目前国家也是支持的。2016 年，国务院办公厅印发了《促进科技成果转移转化行动方案》，明确指出："十三五期间，推动一批短中期见效、有力带动产业结构优化升级的重大科技成果转化应用，企业、高校和科研院所科技成果转移转化能力显著提高，市场化的技术交易服务体系进一步健全，科技型创新创业蓬勃发展，专业化技术转移人才队伍发展壮大，多元化的科技成果转移转化投入渠道日益完善，科技成果转移转化的制度环境更加优化，功能完善、运行高效、市场化的科技成果转移转化体系全面建成。”在国家大力推进科技成果转化的大背景下，创业型城市建设就更有方向与底气了。

四 以政策落实、平台搭建为保障

在推进创业型城市的建设过程中，政府部门要发挥主导作用。一是在政策制定上给予支持，多出台鼓励创新创业的政策。现在许多城市都在出台相应的政策，但是政策的生命力在于落实与执行。狠抓国家已经出台的各项改革举措和政策措施的落地，加强各类创新政策的衔接配套，让广大科研人员享受更多的“获得感”。《科技部、国家发展改革委关于印发建设创新型城市工作指引的通知》指出：“先行探索符合本地实际的创新政策，构建涵盖科研院所、高校、企业、中介机构等各类创新主体，覆盖从基础研究、技术开发、技术转移到产业化等创新链各个环节的产业、财税、金融、人才、知识产权保护及科技成果转移转化政策体系，改善现有的创新要素获取与利用机制，降低创新创业的隐形门槛和各类制度性交易成本，形成激发创造力和注重开放性激励性的体制机制。”二是在创业平台搭建方面。比如，可以将国家自主创新示范区、高新技术产业开发区作为建设创新型城市的核心载体和重要平台，此外国家大学科技园等平台也可以予以利用。温州近年打造了浙南科技城等创业创新平台，进一步推进了创业型城市的建设，推动各类园区和高校、科研院所、企业等建设一批专业化公共服务平台和创新创业载体，加强各类创新平台和研发基地的资源共享和开放合作。三是激励创新创业人才，要出政策鼓励人才从事创新创业，要有针对性。比如，2015 年温州发布“十条人才新政”，顶尖人才奖励 1200 万元，大力引进人才，促进创业型城市建设。完善科研人员收入分配政策，依法赋予创新领军人才更大的人财物支配权、技术路线决定权，实行以增加知识价值为导向的激励机制。四是加强组织领导。政府部门要加强统筹部署、协调推进。特别是涉及各个部门的事情，最好是能成立市领导牵头的统一协调机构，强化支撑保障和任务落实。五是强化宣传引导。做好舆论引导，及时宣传、报道城市创新创业活动，营造浓厚的创新创业氛围以及区域创业精神，及时总结创业型城市建设的好经验、好做法。

参 考 文 献

埃兹科维茨 H. 1999. 大学与全球知识经济［M］. 夏道源译. 南昌：江西教育出版社.

埃兹科维茨 H. 2005. 三螺旋：大学产业政府三元一体的创新战略［M］. 周春彦译. 北京：东方出版社.

博克 D. 2001. 走出象牙塔［M］. 徐小洲译. 杭州：浙江教育出版社.

蔡克骄，陈勰. 2000. 温州模式与温州人精神——兼谈温州人精神面向未来的变革与重构［J］. 温州师范学院学报（哲学社会科学版），21（1）：56-61.

蔡袁强. 2012. 地方大学的使命：服务区域经济社会发展——以温州大学为例［J］. 教育研究，（2）：89-94.

陈成文. 2008-08-28. 加强大学生的创业教育［N］. 光明日报，第 12 版.

陈俊贤. 2004. 浅论“温州人精神”［J］. 人民论坛，（1）：54-55.

丁金昌. 2008. 温州特色高职创业教育体系的研究与实践［J］. 中国高教研究，（4）：70-71.

范正宇. 2006. 浙江精神与杭州人文精神的互相激荡［J］. 中共杭州市委党校学报，（6）：28-31.

高卫民. 2014-03-01. 安徽文化创业渐成潮流［N］. 安徽经济报，第 10 版.

高晓杰，曹胜利. 2007. 创新创业教育——培养新时代事业的开拓者［J］. 中国高教研究，（7）：91-93.

巩庆美，郑璐，贾敏. 2013. 探究创业学院的拟建条件［J］. 商界论坛，（1）：276.

关小燕. 2006. 启动全民创业政府工作应做到“三要”［J］. 理论导报，（3）：17.

郭青青. 2010. 美国儿童经济学教育研究现状综述［J］. 考试周刊，（5）：29-30.

何云景. 2006. 借鉴国外经验构建我国大学生创业支持系统［J］. 教育理论与实践，（2）：7-9.

洪银兴. 2007. 苏南模式的演进及其对创新发展模式的启示［J］. 南京大学学报（哲学·人文科学·社会科学），44（2）：31-38.

侯慧君，林光彬. 2011. 大学生创业教育的现状分析与发展建议［J］. 中国高等教育，（10）：20-22.

胡洪浩. 2014. 海归创业研究前沿与展望［J］. 科技进步与对策，（31）：151-155.

黄英杰. 2012. 走向创业型大学中国的应对与挑战［J］. 清华大学教育研究，（2）：37-54.

蒋璟萍. 2004. 创业精神的本质、特征和功能［J］. 沈阳大学学报（自然科学版），16（1）：15-17.

蒋芝英. 2011. 区域创业文化特征及发展方向研究——以义乌为个案［J］. 赤峰学院学报（哲

学社会科学版)，32（6）：67-69.
克拉克 B. 2007. 建立创业型大学：组织上转型的途径［M］. 北京：人民教育出版社.
李崇峰. 2014. 借鉴国外经验，建设“创业型城市”［J］. 大连研究，（1）：55-58.
李慈章，肖云龙. 2005. 论创新型大学三大特质［J］. 煤炭高等教育，23（6）：38-39.
李德平. 2013. 大学生创业教育：理念与实践研究［M］. 北京：人民出版社.
李国平，于倩，徐薇. 2004. 大学生创新创业教育质量的评判方法研究［J］. 商场现代化，（1）：120-121.
李坤，王建. 2005. 创业精神的地域文化分析［J］. 民营经济与南京经济发展高层论坛专辑，（9）：396-403.
李世超，苏竣. 2006. 大学变革的趋势——从研究型大学到创业型大学［J］. 科学学研究，24（4）：552-558.
李淑桃. 2012. 我国政府在创业投资中的角色定位及重建［J］. 西南科技大学学报（哲学社会科学版)，（29）：34-38.
林锈戎. 2012. 我国地方高校实践创业型大学之路的若干探索——以福州大学为例［J］. 福建教育学院学报，13（5）：1-4.
林银，谢志远. 2014. 区域创业精神对大学生创业教育的作用［J］. 创新与创业教育，5（5）：5-10.
林泽炎. 2012. 创业精神应该成为一种国家竞争优势［J］. 中小企业管理与科技旬刊，（26）：64-65.
刘家强. 1997. “苏南模式”形成机制探析［J］. 理论与改革，9：13-14.
刘敏. 2010. 法国创业教育研究及启示［J］. 比较教育研究，（10）：72-75.
刘亭亭. 2007. 中学实施创业教育的因素分析及策略探讨［J］. 科教文汇，（9）：41，50.
刘永芳，龚放. 2012. 创业型大学的生成机制、价值重构与途径选择［J］. 高等教育研究，（10）：95-101.
吕元礼. 2005. 深圳精神的“另类”解读：以邓小平的观点为视角［J］. 南方丛论，12（4）：19-23.
马建珍. 2004. 打造高校政府，优化创业环境——南京地方服务型政府建设的实践与思考［J］. 南京社会科学，（9）：366-370.
马良. 2009. 欧盟各国创业教育介绍［J］. 国际劳动，（8）：31-34.
马志政. 1994. 论文化环境［J］. 浙江大学学报（人文社会科学版)，2（29）：71-79.
马志政. 1999. 文化环境的作用及机理［J］. 浙江社会科学，（1）：96-100.
冒澄. 2008. 创业型大学研究文献综述［J］. 理工高教研究，（1）：16-20.
冒澄，操太圣. 2009. 走出象牙塔：西方创业型大学的实践及启示［J］. 全球教育展望，38（3）：46-51.
梅伟惠. 2008. 美国高校创业教育模式研究［J］. 比较教育研究，30（5）：52-56.

孟芊，刘震，申跃. 2008. 从创业竞赛到创业教育：对于我国大学创业教育的思考［J］. 特区经济，(11)：17-20.
牛长松. 2007. 英国大学生创业教育政策探析［J］. 比较教育研究，28（4）：79-83.
牛金成，陆静. 2013. 以创业精神培育为主导的创业教育路径探析［J］. 广州职业教育论坛，12（1）：41-44.
钱佩忠，翁默斯. 2012. 创业型大学的内蕴与组织特色探析［J］. 教育理论与实践（学科版），(3)：6-8.
钱佩忠，翁默斯，郭石明. 2012. 学术与市场价值冲突视角下创业型大学的创建［J］. 浙江工业大学学报（社会科学版），(1)：40-44.
任桐. 2001. 晚清苏南改良思想群落的地域成因［J］. 江海学刊，(1)：138-140.
任之光，张志旻. 2012. 创业型大学发展范式：阿尔托大学的实践与启示［J］. 高等教育研究，(6)：101-106.
上海交通大学. 2011. 上海交通大学以“一体两翼”模式推动创业教育［EB/OL］. http：//old.moe.gov.cn// publicfiles/business/htmlfiles/moe/s166/201105/119936.html［2011-05-19］.
苏霍姆林斯基. 2001. 苏霍姆林斯基选集 6 第 1 卷［M］. 蔡汀译. 北京：教育科学出版社：107.
谭蔚沁. 2009. 论马克思“人的全面发展理论”与大学生创业教育［J］. 思想战线，(5)：139-140.
汪国华. 2006.“苏南模式”与“温州模式”比较研究——一种新经济社会学视角［J］. 经济研究，(8)：53-54.
王腾. 2008. 区域文化特质、文化精神与经济社会的发展：以江苏为例［J］. 重庆社会科学，10：8-14.
王岩. 2008. 新时期创业精神的本质特征［J］. 南京航空航天大学学报（社会科学版），(1)：5-7.
王彦峰，王永昌，周锦尉，等. 1987. 温州试验区精神文明建设理论讨论会发言摘登［J］. 浙江社会科学，(1)：77-80.
王雁，孔寒冰，王沛民. 2003. 创业型大学：研究型大学的挑战和机遇［J］. 高等教育研究，(3)：52-56.
王扬铭. 2006. 创业教育：提高大学生就业竞争力的战略选择［J］. 教育探索，(3)：9-10.
王奕炜，王玉屏. 2003. 温州模式对苏南模式的启示［J］. 商业研究，268：99-100.
吴光. 1994. 试论浙学的基本精神——兼谈“浙学”与浙东学派的研究现状［J］. 浙江学刊，1：50-56.
吴宏亮. 2006. 创新型大学建设与大学的基本使命［J］. 郑州大学学报（哲学社会科学版），39（4）：175-178.
吴凌菲，吴泗宗. 2007. 文化环境与创业过程的关系［J］. 经济管理，13（421）：76-80.
吴咏虹. 2003. 论制度创新与企业技术创新激励［J］. 经济体制改革，(4)：40-42.
夏春雨. 2004. 大学生创业教育的实践与思考［J］. 江苏高教，(6)：106-108.

向春. 2008. 创业型大学的理论与实践［J］. 高等工程教育研究，（4）：72-75.
谢丽丽. 2010. 二十一世纪日本高校的创业教育及启示［J］. 高教探索，（6）：75-79.
谢志远. 2009. 大学生创业教育的本土化实践——以温州大学为例［J］. 教育发展研究，（4）：81-83.
谢志远，王丹婵，夏春雨. 2008. 浙商精神与大学生创业教育［M］. 沈阳：辽宁教育出版社.
徐海滨，李涛. 1993. 温州形象［M］. 北京：文化艺术出版社.
徐建平，王重鸣. 2008. 创业精神的区域文化特征：给予浙江的实证研究［J］. 企业管理，（12）：141-145.
徐小洲. 2010. 国外中学创业教育［M］. 杭州：浙江教育出版社.
宣勇，张鹏. 2012. 论创业型大学的价值取向［J］. 教育研究，（4）：43-49.
杨玉新. 2012. 构建可持续发展创业型城市的路径选择［J］. 边疆经济与文化，10（106）：23-24.
易高峰. 2013. 创业型大学的内涵与基准［J］. 现代教育管理，（11）：6-9.
于维栋. 1988. 希望的火光——中关村电子一条街调查［M］. 北京：中国人民大学出版社.
于晓宇. 2011. 企业创新战略决策的决定因素——基于区域文化的视角［J］. 科技进步与对策，28（18）：69-74.
余绍忠. 2013. 创业资源对创业绩效的影响机制研究——基于环境动态性的调解作用［J］. 科学学与科学技术管理，6（34）：131-139.
曾坤生，胡文静. 2009. 创业资源与我国中小企业家资源整合能力［J］. 天津市经理学院学报，（1）：15-16.
张昊民，马君. 2012. 高校创业教育研究——全球视角与本土实践［M］. 北京：中国人民大学出版社.
张金萍. 2008. 国外创业型大学的理论研究［J］. 北京：首都师范大学硕士学位论文.
张小娅，熊威. 2008. 科技创业与科技创业经济的内涵与特征［J］. 科技创业，（7）：24-25.
张永奇. 2008. 论创业型城市与城市创业体系的构建［J］. 科技创业，（4）：1-3.
赵涛，刘文光，边伟军. 2011. 区域科技创业生态系统的结构模式与功能机制研究［J］. 科技管理研究，31（24）：78-82.
赵志军，张波. 2011. 创业教育通论［M］. 北京：现代教育出版社.
郑淑红. 2009. 大学生创业教育的基本依据与现实要求［J］. 电子科技大学学报（社科版），11（3）：99-102.
中共中央马克思恩格斯列宁斯大林著作编译局. 1972. 马克思恩格斯全集 6 第 23 卷［M］. 北京：人民出版社：534-535.
仲晓婷，曹渊. 2011. 创业型大学建设理念的宣传策略与措施——以浙江农林大学为例［J］. 浙江万里学院学报，24（5）：91-94.
周劲波，陈丽超. 2011. 我国创业政策类型及作用机制研究［J］. 经济体制改革，（1）：41-44.
周凯. 2008-02-04. 上海青年："白领"意识强，"首领"意识弱［N］. 中国青年报，第 10 版.

朱凯，宋广玉. 2012-01-10. “文化创业”如何走出新路［N］. 南京日报，第 9 版.

朱振国. 2006. 中国高等教育发展陷入怪圈：千校一面没有特色［N］. 光明日报，第 9-13 版.

祝宝江. 2009. 温州人精神简明读本［M］. 杭州：浙江大学出版社.

邹晓东，陈汉聪. 2011. 创业型大学：概念内涵，组织特征与实践路径［J］. 高等工程教育研究，(3)：54-59.

邹晓东，吕旭峰. 2011. 研究型大学学部制改革的动因、运行机制及发展走向［J］. 浙江大学学报（人文社会科学版），(3)：5-11.

翟孝强，傅兆君. 2006. 江浙两省经济发展的文化动因分析［J］. 华东经济管理，20（1）：9-12.

Barringer B，Irel D. 2006. Entrepreneurship：Successfully Launching New Ventures［M］. Pearson Education，Inc.

Etzkowitz H. 2003. Research groups as“quasi-firms”: The invention of the entrepreneurial university［J］. Research Policy，32（1）：109-121.

Frank H，Korunka C，Lueger M，et al. 2005. Entrepreneurial orientation and education in Austrian secondary schools: Status quo and recommendations［J］. Journal of Small Business and Enterprise Development，12（2）：259-273.

Thomas E J，Biddle B J. 1966. Learning and socialization［M］// Biddle B J，Thomas E J. Role Theory：Concepts and Research. New York：Wiley：345-346.

作 者 简 介

谢志远，男，1970 年 10 月出生，浙江永嘉人。教授，硕士生导师，浙江省有突出贡献中青年专家，浙江省“151”第一层次人才，温州市“551”第一层次人才，浙江省首批大学生职业生涯规划与就业指导专家，全国高职院校创新创业教育联盟副理事长，现为温州职业技术学院院长。自 2002 年开始致力于大学生创业教育研究，主持省部级课题 10 余项，出版专著 9 部，发表论文 50 余篇。曾获浙江省科学技术奖二等奖 2 次、三等奖 2 次，其他奖项 20 余项。

邹良影，男，1985 年 4 月出生，浙江瑞安人。硕士，副研究员，温州市“551”第二层次人才，国家二级心理咨询师，现为温州科技职业学院动物科学学院党总支副书记。自 2009 年开始致力于大学生创业教育研究，主持省部级课题 3 项，市厅级课题 8 项，参与省部级、市厅级课题 10 多项，发表论文 10 余篇，联合出版专著 2 部，出版教材（担任副主编）5 部。曾获浙江省教科研先进个人，浙江省教科研优秀成果奖一等奖 1 次，浙江省科学技术奖二等奖 2 次（均排名第三），温州市科学技术奖二、三等奖（均排名第三）各 1 次。

李上献，男，1983 年 2 月出生，浙江苍南人。硕士，讲师，现为温州科技职业学院教务处教学科科长。曾主持市厅级课题 6 项，发表论文 10 余篇，获国家级教学成果奖二等奖 1 次（7/9），浙江省省科学技术奖二等奖 1 次（5/7）。

“中国软科学研究丛书”已出版书目

《区域技术标准创新——北京地区实证研究》

《中外合资企业合作冲突防范管理》

《可持续发展中的科技创新——滨海新区实证研究》

《中国汽车产业自主创新战略》

《区域金融可持续发展论——基于制度的视角》

《中国科技力量布局分析与优化》

《促进老龄产业发展的机制和政策》

《政府科技投入与企业 R&D——实证研究与政策选择》

《沿海开放城市信息化带动工业化战略》

《全球化中的技术垄断与技术扩散》

《基因资源知识产权理论》

《跨国公司在华研发——发展、影响及对策研究》

《中国粮食安全发展战略与对策》

《地理信息资源产权研究》

《第四方物流理论与实践》

《西部生态脆弱贫困区优势产业培育》

《中国经济区——经济区空间演化机理及持续发展路径研究》

《研发外包：模式、机理及动态演化》

《中国纺织产业集群的演化理论与实证分析》

《国有森林资源产权制度变迁与改革研究》

《文化创意产业集群发展理论与实践》

《中国失业预警：理论、技术和方法》
《黑龙江省大豆产业发展战略研究》
《中小企业虚拟组织》
《气候变化对中国经济社会可持续发展的影响与应对》
《公共政策的风险评价》
《科技人力资源流动的个体选择与宏观表征》
《大型企业集团创新治理》
《我国小城镇可持续发展研究》
《食品安全法律控制研究》
《中国资源循环利用产业发展研究》
《新兴产业培育与发展研究——以安徽省为例》
《中国矿产地战略储备研究》
《中国经济增长可持续性——基于增长源泉的研究》
《归国留学人员的高技术创业》
《城市能源生态化供应与管理》
《技术对外依存与创新战略》
《高技术服务业创新：模式与案例》
《中外文化创意产业政策研究》
《稳粮增收长效机制研究》
《科技创新系统研究：基于资源型经济转型案例的探讨》
《金融发展促进技术创新研究》
《气象灾害防御体系构建》
《中国城镇居民物质消费水平变化趋势研究（1957—2011）》
《企业环境成本控制与评价研究》
《产品循环再利用运作管理》
《人才集聚的理论分析与实证研究》
《服务创新与服务业的升级发展》

《传统产业转型升级理论与政策研究》
《甘肃省区域创新体系建设》
《科技信用风险管理》
《科技园区与新兴产业集群——以长吉图先导区为例》
《企业社会责任及其立法研究》
《智力资本与企业绩效》
《中国工业行业信息化建设与经济增长》
《资源型城市经济转型政策研究》
《融资租赁与节能环保投融资》
《区域自主创新能力动态评价及发展趋势》
《产业技术联盟构建及运行管理》
《现代产业创新战略》
《中国无线电频谱拍卖机制研究》
《老工业基地城市的改造与发展》
《可持续经济增长的实现机理》
《旅游区域社会文化影响的理论与实践》
《移居城镇的农民住房问题研究》
《县（市）域复合生态空间发展研究》
《串通投标法律控制机制研究》
《煤炭产业创新系统研究》
《中国煤炭富集区发展战略新模式》
《区域创新精神与大学生创业教育》